LE

SOMMEIL MAGNÉTIQUE

EXPLIQUÉ

PAR LE SOMNAMBULE ALEXIS

EN ÉTAT DE LUCIDITÉ,

Précédé d'une Introduction

PAR HENRI DELAAGE.

PARIS.

E. DENTU, LIBRAIRE-ÉDITEUR,

GALERIE D'ORLÉANS, 13, PALAIS-ROYAL.

LE

SOMMEIL MAGNÉTIQUE.

PARIS

IMPRIMERIE DE L. TINTERLIN ET Cᵉ

rue Neuve-des-Bons-Enfants, 3.

C.

LE
SOMMEIL MAGNÉTIQUE

EXPLIQUÉ

PAR LE SOMNAMBULE ALEXIS

EN ÉTAT DE LUCIDITÉ,

Précédé d'une Introduction

PAR HENRI DELAAGE.

DEUXIÈME ÉDITION.

PARIS
E. DENTU, LIBRAIRE-ÉDITEUR,
GALERIE D'ORLÉANS, 13, PALAIS-ROYAL.

1857

LE
SOMMEIL MAGNÉTIQUE.

PARIS

IMPRIMERIE DE L. TINTERLIN ET Cᵉ

rue Neuve-des-Bons-Enfants, 3.

C.

LE
SOMMEIL MAGNÉTIQUE

EXPLIQUÉ

PAR LE SOMNAMBULE ALEXIS

EN ÉTAT DE LUCIDITÉ,

Précédé d'une Introduction

PAR HENRI DELAAGE.

PARIS

E. DENTU, LIBRAIRE-ÉDITEUR,

GALERIE D'ORLÉANS, 13, PALAIS-ROYAL.

1856

LE

SOMNAMBULE ALEXIS.

———— ❧❀❧ ————

> Je suis rempli de crainte et de respect pour
> ces êtres frêles et nerveux qui vivent d'électri-
> cité et semblent lire dans les mystères du monde
> surnaturel.
>
> GEORGES SAND.

Lorsque le ciel de la pensée humaine est obs-
curci par le sombre nuage du matérialisme, et
que, semblable à un phare battu et aveuglé par
la tempête, la lampe du sanctuaire philosophique
ne verse plus dans les consciences troublées
qu'une fugitive lueur impuissante à éclairer les
écueils où la société menace de s'abîmer tout entière, ils sont bénis les pieds de l'homme qui,
portant en ses mains le flambeau magique de la

1

vérité, en jette les vives lumières sur les mystérieux ressorts de l'organisme humain. Aussi, le
cœur ouvert sur l'infini, nous avons acclamé avec
enthousiasme le somnambule Alexis, dont nous
avons si souvent entretenu nos lecteurs, comme
étant une manifestation évidente, une révélation
visible de l'existence, dans chaque homme, d'un
ange intérieur nommé âme.

Pour les hommes de notre génération, il y a un
nom qui résume, pour ainsi dire, tous les miracles du somnambulisme lucide. Ce nom est celui
d'Alexis. Il est pour nous hors de doute que c'est
une renommée qui ira toujours en grandissant et
prendra des proportions d'un fantastique fabu-
leux, le jour (que nous désirons bien éloigné encore) où sa gloire aura reçu une sanction solen-
nelle par sa mort. Jésus-Christ était parfaitement
dans la vérité lorsqu'il proclamait de sa voix divine, cette sentence qui est restée un proverbe :
Nul n'est prophète en son pays. En conformité
d'idées et en fraternité d'âme avec lui, nous ajou-

tons : *Nul n'est prophète en son temps.* Et, l'histoire en main, il nous serait facile de confirmer cette proposition en démontrant que les hommes au cœur aveugle ont toujours raillé les prédictions du génie prophétique retentissant fatidiquement à leurs oreilles incrédules ; en un mot, que la destinée de l'homme supérieur à son siècle est d'être perpétuellement contesté ; il faut que l'ange de la mort l'ait renversé, pour que la Gloire, appliquant sur sa bouche décolorée un baiser de ses lèvres rouges de vie, mette à son front pâli l'auréole brillante d'une renommée posthume.

Personne n'a contesté jamais l'existence des phénomènes merveilleux opérés par le somnambule Alexis. Seulement, on les a dénaturés et on leur a enlevé leur haute portée philosophique, par les ridicules explications qu'en ont donné les adversaires intéressés du magnétisme.

Nous allons combattre les objections faites à sa lucidité par les savants qui, dans l'infirmité de leur raison étroite, refusant toujours d'admettre que quelques signes faits devant le front d'un jeune homme, suffisent pour lui inspirer une science universelle qui surpasse et éteigne leur instruction péniblement acquise, comme le soleil au matin dissipe la clarté des étoiles, traitent ces phénomènes d'hallucinations imaginaires. Il est certain que dans les séances de somnambulisme où, devant une foule d'une crédulité idiote, l'on envoie un sujet qui ne peut pas voir ce qui se passe dans la pièce à côté, dans la lune, où il aperçoit assez distinctement les habitants pour décrire leur costume, leurs traits, leurs mœurs et leurs cabanes, il y a hallucination ou mystification. Nous accordons même que les guérisons des maladies prouvent très-peu, car souvent la santé se rallume au flambeau de l'imagination ; mais quand Alexis lira couramment dans un livre fermé et non coupé, à la page qu'on lui indiquera, ou dans le portefeuille qu'on lui présentera, nous ne croyons pas assez à la mauvaise foi ou à la débilité intellectuelle des adversaires de la lucidité, pour admettre qu'un seul persiste à expliquer un fait aussi précis par l'imagination du somnambule et l'hallucination des spectateurs, ce qui équivaudrait à lancer à la face de tous l'accusation de folie.

Les esprits superficiels traitent ces phénomènes de jonglerie et de charlatanisme. Il est certain que presque tous les somnambules qui exploitent à Paris la crédulité publique, sont des êtres sans éducation, qui contrefont la lucidité et, à l'aide d'un *boniment* aux termes vagues et ambigus, *épatent* l'ingénue incrédulité des gobe-mouches. Mais lorsque, comme le somnambule Alexis, on apporte une effroyable précision de détails dans les descriptions, et que, comme nous, l'on possède plus de quatre cents récits d'objets perdus et retrouvés par lui ; il est difficile à un esprit logique d'expliquer les phénomènes par le charlatanisme et la jonglerie. Quant à la prestidigitation, le plus grand prestidigitateur des temps modernes, Robert Houdin, reconnaîtra que les subtilités de la prestidigitation ne peuvent produire rien de semblable.

Les esprits abétis par de vaines et chimériques terreurs, les imaginations égarées par une religion mal entendue, considèrent les phénomènes d'Alexis comme des opérations diaboliques. Cette opinion, très-répandue dans un public très-honorable, a été un des principaux motifs qui ont déterminé Alexis à expliquer lui-même une faculté qui donnait lieu à de si étranges commentaires.

Pour nous, si nous avons avec plaisir accepté de faire l'introduction de ce livre, c'est qu'à l'exception de quelques idées que nous n'avons jamais émises, ce livre éclaire d'une vive lumière les doctrines contenues dans nos ouvrages sur la vie future.

Les esprits distingués qui ont assez étudié le somnambulisme pour croire à la réalité de ces phénomènes et à l'inconstante variabilité de leur production, trouveront un argument dans ce livre où, guidé par un sentiment élevé que nous ne saurions assez louer, obéissant à sa conscience plutôt qu'à son intérêt, il proclame la faillibilité de ses oracles.

Ce livre a été composé dans des circonstances tout à fait exceptionnelles. Alexis étant très-souffrant, se faisait endormir pour se donner à lui-même des consultations somnambuliques. C'est dans ces moments de haute lucidité qu'il a expliqué le mécanisme admirable de sa clairvoyance, le magnétiseur ayant, comme l'on peut facilement s'en convaincre en lisant ce livre, une puissante influence sur la nature des pensées de son sujet. Nous croyons utile de dire que la personne qui l'a magnétisé pour faire cet ouvrage, était une ravissante jeune femme d'un esprit gracieux et enjoué, d'une élégante distinction de manières, possédant non-seulement le goût de la science magnétique, mais douée de plus d'une rare puissance de fascination; c'est pourquoi l'attirante magie de son regard rayonnant ayant éclairé le somnambule de sa lumière, ce livre se ressentira de l'enchanteresse qui l'a inspiré magnétiquement, et nous lui prédisons qu'il instruira en charmant.

Cet ouvrage contient un grand nombre de faits, parce que, comme l'a très-bien remarqué Broussais, rien n'est brutalement concluant comme un fait, et de plus, les faits miraculeux étant le seul moyen d'impression sur les masses, ce livre ne pourrait devenir populaire et passer à la postérité s'il les en avait bannis; car les expériences de la métaphysique se nomment miracles. Nous croyons que ce livre est un livre de vérité. Cependant, la lucidité ayant ses incertitudes, avoir la prétention qu'il est sans erreur, serait une opinion que la connaissance que nous avons du somnambulisme ne nous autorise, en aucune façon, à émettre.

Ce volume est de plus une œuvre sérieuse et d'une très-haute importance philosophique; car en venant donner l'explication des mystères du sommeil magnétique, il fait faire un pas immense à une des sciences les plus nécessaires et les plus négligées dans ce siècle, la *science de l'âme !*

L'esprit qui a dicté ce livre n'est pas celui de la spéculation, sans cela, au lieu de grandir Alexis dans l'estime publique, il le laisserait dans la catégorie de ces somnambules qui exploitent la crédulité publique et compromettent tous ceux qui, s'occupant de cette science, tiennent d'une main ferme et noble l'étendard du magnétisme, et pensent qu'il est indigne de la vérité de s'affubler des haillons dorés du charlatanisme.

Pour nous, nous avons saisi avec bonheur cette occasion de causer quelques instants cœur à cœur avec nos lecteurs bien-aimés qui, comme nous, apôtres au cœur vaillant, ont à se faire en ce siècle les propagateurs du spiritualisme visible. Ce poste, le plus avancé de la philosophie religieuse, est sans cesse attaqué ; les traits de la plus mordante ironie sifflent perpétuellement à nos oreilles, voici bien des années que nous y combattons, bien que notre nature de contemplatif, ivre de poésie et d'amour, préfère le sentiment à l'action; mais le grand inspiré du Christianisme, saint Paul, appelle la foi un bouclier et la grâce une armure de lumière forgés au ciel; c'est pour apprendre que la vie du chrétien est une lutte perpétuelle que la mort seule terminera et remplacera par un repos immortel au sein d'une béatitude étern lle !

Le bonheur étant la satisfaction perpétuelle du désir sans cesse renaissant de connaître, d'aimer et d'agir, ce livre ouvre devant l'intelligence des horizons inconnus ; il initie l'homme aux mystères les plus secrets de son organisme et de la vie de son âme ; il donne au cœur une consolation, en prouvant que dans l'être humain il y a autre chose que des organes de chair et de sang, qu'il y a en lui une individualité persistante et immortelle qui traverse triomphante la crise de la mort pour ressusciter dans la gloire !!!

Plusieurs personnes, trouvant que la sagesse de notre conduite ne correspondait pas à ce qu'elles appelaient la folie de nos écrits, ont répondu que nous n'étions pas ce que nous paraissions, que nous ne croyons pas ce que nous écrivions, qu'en un mot nous étions un esprit original promenant dans le monde l'apparence d'une folie factice ; si ces personnes s'étaient donné la peine de lire autre chose que les titres de nos livres, elles sauraient que ce qu'elles nommaient folie, par le Paganisme était appelé sagesse, et que le Christianisme lui a donné le beau nom de foi !

Le succès de nos ouvrages nous oblige en terminant à remercier les nobles âmes qui se sont faites les propagatrices de nos idées, non parce que nous les avons imprimées, mais parce qu'en les émettant nous nous sommes fait l'écho de la tradition religieuse.

Le souffle d'un spiritualisme élevé coule sous les lignes de ce livre en séve de feu, il relèvera, nous l'espérons, les yeux vers le ciel et démontrera que la mort n'est que le passage du temps à l'éternité; fils des croyances du passé, nous sentons que nous sommes les restaurateurs de la foi de l'avenir, car les miracles du magnétisme ont une voix éloquente qui, retentissant aux oreilles de la conscience endormie du sommeil profond des intérêts matériels, lui crie éveille-toi!

HENRI DELAAGE.

LE

SOMMEIL MAGNÉTIQUE.

———————— ❖ ————————

I.

NATURE DU SOMMEIL MAGNÉTIQUE LUCIDE.

> Le somnambulisme lucide est le
> réveil de l'âme.
> H. DELAAGE.

Il paraît d'une haute logique, qu'un somnambule
endormi du sommeil magnétique lucide, soit seul en
état d'expliquer le phénomène merveilleux qu'il produit en cet état, en faisant connaître ce qui se passe
dans les plus intimes profondeurs de son organisme.
Un semblable Traité doit, en conséquence, être pré-
senté avec une clarté dont l'évidente lucidité mani-

feste que celui qui l'écrit a rompu toute relation avec l'état de veille, et qu'il décrit une série de sensations et d'opérations physiologiques dont auparavant il n'avait aucune connaissance, et qu'il oubliera aussitôt éveillé ; il doit tirer sa principale autorité de la science philosophique qu'il montrera dans un homme qui n'en a jamais étudié les notions les plus élémentaires.

Le sommeil naturel est le repos de l'activité vitale et la concentration du fluide nerveux au cerveau, où, sans raison, il évoque le fantôme d'action et d'êtres imaginaires qui se dissipent au réveil ; le fluide magnétique produira une espèce de sommeil factice, en concentrant le fluide vital dans les centres nerveux et en arrêtant l'impression donnée à l'activité vitale par la volonté ; il inspirera à l'âme un surcroît d'énergie qui lui permettra de se dégager des organes assoupis du corps auquel elle est assujettie, pour manifester les facultés résultant de sa nature spirituelle.

Lorsque je me sens envahi par le fluide magnétique, il se passe en moi je ne sais quoi d'indéfinissable qui me ravit, me transporte, tend et convulsionne mes nerfs, tord mes membres, bouleverse tout mon être intérieur, s'empare de moi, me possède et m'arrache *douloureusement* aux réalités de la vie terrestre qui m'environnent, pour ouvrir devant l'œil intérieur de mon esprit, des horizons sans fin ; à cette sensation première, toujours pénible, succède un sentiment de bien-être ; les obstacles matériels devenant plus transparents que le cristal, n'arrêtent plus ma vue. L'Univers entier est devant moi, et je puis me transporter d'un pôle à l'autre avec la rapidité de l'éclair ; je puis converser avec les Cafres, me promener en Chine, descendre dans les mines de l'Australie, entrer dans le harem du sultan en moins d'une heure, sans fatigue ; car l'âme, fille de Dieu, n'a qu'à vouloir pour, semblable à son père, être partout ; cette puissance qui triomphe de l'espace et permet à l'âme de se transporter d'un lieu à un autre, n'est rien en comparaison de celle qui la rend victorieuse du temps et qui fait que tous les siècles sont présents à ma vue. Les générations évanouies, qui, plus nombreuses que les grains de sable de la mer, ont vécu sur la terre, apparaissent à ma volonté ou à l'évocation du consultant, dans leur parfaite individualité, ayant les costumes, les traits, les mœurs, les habitudes, le caractère qui les particularisait durant leur séjour ici-bas. Le passé pour moi n'est pas mort, il est vivant. Il y a une pieuse croyance qui fait que l'on conserve religieusement, enchâssées dans l'or et les pierres précieuses, les reliques des saints, et qui fait croire qu'il reste quelque chose de leur âme, de leur esprit, de leur cœur, en un mot, de leur personnalité, dans ces fragments de leur corps mort. Pour moi, je les vois réexistant tout entiers en corps, en âme, en esprit, en sainteté, sous la moindre parcelle d'un objet qu'ils ont touché durant leur vie, et je jouis de leur présence réelle, comme s'ils étaient encore sur cette terre.

J'ai, avant d'aller plus loin, à réfuter une objection qui se dresse devant moi et m'arrête en m'adressant cette question : le magnétisme et le sommeil sont-ils indispensables pour vous faire arriver à l'état de voyance lucide que vous venez de décrire ; je réponds sans hésiter évidemment non ; de même que le vin et les autres spiritueux, l'opium, le hachisch, l'hyoscyame et les autres excitants de l'élément dynamique qui gît dans nos organes, produisent des rêves et des hallucinations sans le secours du sommeil, de même, sans le secours du sommeil, il existe dans l'ordre spirituel des forces occultes qui, tenant le corps sous leur sujétion et dégageant l'âme des organes soumis, produisent la lucidité sans le secours du sommeil magnétique.

La lucidité prend sa source :

1° Dans certaine maladie qui arrache au corps sa suprématie sur l'âme ;

2° Dans une émotion violente, qui paralyse l'action des organes et laisse l'âme se soustraire à leur empire ;

3° Dans l'inspiration qui s'empare de l'âme, la possède, l'arrache violemment à l'empire des sens ;

4° Dans la mortification résultant de la misère, de la maladie, de l'absence des besoins matériels ou du crucifiement volontaire pratiqué par l'ascétisme, le mysticisme, l'illuminisme et le cénobitisme.

Tout le monde n'arrive pas à cet état; il faut, pour ainsi dire, avoir une prédisposition native; pour moi, je suis si prédestiné à cet état, qu'une femme, un enfant, suffisent pour me plonger dans cet état de lucidité où le temps et l'espace n'existent plus pour moi; de plus, il m'est arrivé souvent, sans être endormi et sans aucune action magnétique, de donner des preuves de hautes et profondes voyances magnétiques. L'an dernier, j'étais très-souffrant, et je m'étais ordonné pour ma santé de voyager dans le midi de la France ; un matin que je me promenais avec plusieurs de mes amis, je vois passer une amazone montant, avec habileté, un cheval calme et doux, je la montre aux dames qui m'entouraient et je leur dis. Voilà une personne à laquelle il arrivera malheur avant la fin de la journée ; en effet, vers les deux heures, un effroyable orage éclate, le tonnerre tombe à quelques pas de l'amazone, que le cheval, fou de frayeur, renverse et traîne après lui. Avant la fin de la journée, on rapportait la jeune femme, pour laquelle je pressentais un malheur, la tête fendue et les cheveux raidis par le sang.

Il y a une vérité qui domine toutes les autres, c'est l'existence de l'âme ; si l'on refuse d'y croire, les explications que l'on donnera de la lucidité paraîtront insensées.

Le sommeil magnétique ne dégageant jamais que d'une manière imparfaite et partielle l'âme, il est certain qu'elle n'aperçoit les choses et les personnes qu'à la douteuse lueur d'un crépuscule, aussi le but du somnambulisme est de faire connaître les facultés dont jouissait l'homme primitif et adamique, et celle dont jouira l'âme délivrée du corps par la mort

II.

ANALYSE DU FLUIDE MAGNÉTIQUE.

Le fluide magnétique est la vie.

Lorsque l'âme respire dans l'infini, le mystère de la vie lui apparaît dans sa profonde et magnifique sublimité; elle le sent, le comprend, le voit et regrette que le verbe humain soit impuissant à traduire d'une manière intelligible cette haute vérité dont la conception fait passer une sensation électrisante d'enthousiasme dans les fibres nerveuses qu'elle fait tressaillir d'une noble émotion. Le fluide magnétique qui s'échappe en rayons d'un feu bleuâtre des doigts, du regard lancé par la volonté, c'est le principe même de la vie.

C'est l'esprit, l'âme, le corps, l'individualité même

de l'homme qu'il émet sous forme de fluide. Quand je touche, je sens, je respire, je vois cette essence vitale , c'est l'homme ou la femme d'où elle émane et qu'elle contient que par un contact électrique qui m'incorpore pour ainsi dire à eux, que je touche, que je sens, que je respire, que je vois; c'est cela qui me fait entrer en communion directe de pensée, de sentiment, de sensation avec ceux qui sont en rapport avec moi ; à l'aide d'une simple mèche de cheveux ou d'une lettre, je les touche, je les sens, je les vois, je les entends, ils vivent en moi de leur vie, je me sens souffrir de leur douleur, jouir de leur jouissance, aimer de leur amour ; mon âme, dégagée des liens de la chair, les touche et s'unit d'esprit avec eux.

Maintenant que j'ai tâché d'expliquer l'influence de ce soufle vital du consultant sur moi, il me reste à analyser le rôle de ce fluide. C'est lui qui est la vie qui développe la nature humaine, la fortifie ; il circule en l'homme dans ses nerfs, et c'est par lui que l'homme veut, aime et connaît; parvenez à l'arrêter magnétiquement dans sa sphère d'activité, faites que votre fluide s'empare de l'individualité du somnambule, alors, ô prodige, ce sera votre volonté qui voudra en lui, votre pensée qui pensera en lui, vo-

tre cœur qui aimera en lui, en un mot, c'est votre vie
qui vivra en lui C'est une véritable possession ; seulement, cette puissante influence ne tend à rien de
moins qu'à supprimer la lucidité et à la remplacer par
la transmission de pensée ; le cerveau du somnambule devient le vivant daguerréotype de votre cerveau, votre imagination pourra se mirer en la sienne
comme dans un miroir, mais ce n'est pas lui qui
verra, ce sera vous.

Le fluide magnétique est modifié par la pensée,
par les sensations, par l'action. Pour éclairer le somnambule, il doit être émis par un de ces hommes
d'honneur qui vivent dans l'atmosphère de la
croyance, par un de ces hommes jeunes, enthousiastes, ardents et sympathiques, et surtout par des
femmes, qui, d'une nature bonne, magnétique, fer-
vente, attractive, ont en elles le feu sacré dont la vive
lumière illumine l'entendement du somnambule.

III.

INITIATION AUX MYSTÈRES DE LA LUCIDITÉ MAGNÉTIQUE.

> Plongé dans un sommeil factice,
> l'homme voit à travers les corps opa-
> ques, à de certaines distances.
>
> LE PÈRE LACORDAIRE.

De tous les phénomènes merveilleux enfantés par le magnétisme, aucun ne présente à l'imagination séduite des effets plus miraculeux que ceux qui se produisent dans le somnambulisme lucide.

J'ai expliqué ce qui se passait dans mon intérieur, dans l'action et sous l'influence magnétique qui me fait passer de l'état de veille à l'état de sommeil, lors de ce bouleversement intérieur qui renverse toutes les lois de la physiologie et les remplace par d'autres, en faisant, pour ainsi dire, passer l'âme de l'état de mort à l'état de vie !

Il y a, en effet, transport des fonctions du corps à l'âme. Aussi les opérations de l'activité, au lieu d'être exécutées par le jeu des organes bornés, finis et matériels des sens, se trouvent réalisées par l'esprit, principe immatériel et universel, qui triomphe des obstacles matériels qui deviennent miraculeusement transparents à l'ordre de sa volonté.

Peu de somnambules jouissent de la vision à travers les corps opaques, seul infaillible symptôme de la lucidité. Cela tient à deux causes : la première, c'est qu'ils se servent de la finesse de leur esprit pour abuser de l'ingénue crédulité du consultant, et que les corps opaques manquent de bonne volonté et refusent de les aider ; en second lieu, c'est qu'il faut avoir soin de conserver sa volonté pour les forcer à devenir transparents et à se laisser pénétrer.

Dans l'état de bouleversement où se produit la lucidité, ce ne sont plus les organes ordinaires de la vue auxquels le somnambule a recours. Ainsi, il m'arrive de lire avec l'épigastre, quand je sens que mon âme, soustraite à l'empire de la chair, rayonne spirituellement par cet organe ! Cette vue est pénible, elle ne s'opère qu'avec des soubresauts et des tressaillements électriques. On lui donne le nom de seconde vue, parce qu'elle apparaît en deuxième lieu et qu'elle est seulement le privilége de quelques êtres sur la terre, qui en sont redevables à une certaine disposition maladive.

La lucidité ne peut se développer que par le dégagement de l'âme sous l'action de la lumière somnambulique. On l'obtient souvent d'une façon plus éclatante en faisant passer le somnambule du sommeil naturel au sommeil artificiel et magnétique. Pour se convaincre de la réalité de la lucidité, il faut que la vision non-seulement dépasse en profondeur et en étendue celle de l'œil, mais de plus qu'elle ne puisse être le produit résultant du hasard ou de l'imagination.

Le flambeau de la lucidité peut voir sa flamme flotter et vaciller au vent de toutes les incertitudes. Il éclairera néanmoins l'organisme humain. A côté de la faiblesse hésitante, il fera paraître la puissance, il montrera des faits dont le moindre suffirait pour démontrer que la foi universelle du genre humain en un principe immatériel dans l'homme, n'est pas une erreur d'une imagination orgueilleuse ; et des nombreux arguments présentés par les écoles de philosophie en faveur du spiritualisme, aucun ne sera plus propre à convaincre que la vision se passant des organes, et par l'étendue de ses perceptions illimitées, proclamant que si l'homme est un animal, il est un animal spirituel !

Ce qui donne un caractère de grandeur vraiment surnaturel aux actes de la lucidité magnétique, dont nous citerons un grand nombre à la fin de ce volume, pour prouver par le témoignage des contemporains les plus honorables, la réalité de son existence, c'est l'infini de ces perceptions. Si nous démontrons l'impossibilité radicale de sa constante réussite, nous démontrerons que perpétuellement elle semble dépasser toutes les limites du probable ; cela tient à ce qu'ayant son principe en l'âme, elle met dans ses opérations l'infini et l'illimité, qui est le signe auquel on reconnaît les opérations de l'esprit. Ces expériences de lucidité ne sont pas seulement des expériences de métaphysique amusante, c'est un regard jeté dans l'infini du monde invisible.

IV.

LES CAUSES D'ERREUR CHEZ LES SUJETS MAGNÉTISÉS.

> La lucidité la plus réelle n'est pas
> toujours constante.

Si j'aborde un sujet semblable, c'est que mon livre est l'œuvre d'une conscience honnête. Je sais que de tout temps il a été admis que l'on devait jeter un voile discret sur ce qu'il y a de défectueux en soi, mais je sais aussi que ne pas signaler à la bonne foi crédule l'écueil de la non-lucidité, c'est l'exposer à se ruiner sur la parole d'un somnambule. Si les habiles me blâment, les hommes d'honneur me sauront gré d'avoir plutôt obéi au devoir qu'à mon intérêt personnel.

Nous allons expliquer toutes les causes qui sont, pour les sujets magnétisés, la source perpétuelle d'erreurs ; et en présence de tous les motifs de non-réussite, je me sens presque étonné des nombreux succès que j'ai obtenus.

Il y a un préjugé parfaitement enraciné chez tous ceux qui ont écrit jusqu'à ce jour sur le somnambu-lisme. Ce préjugé consiste à dire que les facultés in-tellectuelles, les idées morales du sujet magnétisé, sont totalement différentes dans l'état de sommeil que dans l'état de veille, et de proclamer que le fri-pon devient homme d'honneur, et le sot homme d'es-prit, par la grâce efficace du fluide magnétique. En conséquence, toutes les erreurs commises par les somnambules lucides découlent de trois sources : de leur disposition personnelle, du tempérament mo-ral de ceux qui les consultent, et de l'influence de celui qui les a magnétisés.

Bien que mort aux préoccupations de l'état de veille, le système nerveux du somnambule conserve pour ainsi dire l'ébranlement fébrile de toutes les émotions qui l'ont agité ; les soucis de sa vie vien-nent, comme des oiseaux sinistres, jeter l'ombre noire de leurs ailes sur ses visions et l'empêcher de manifester sa lucidité dans tout son éclat. De plus, si la maladie, en affaiblissant les organes du corps, le prédispose à la voyance, il y a certaines affections qui, au lieu d'ouvrir l'œil intérieur de son âme sur le domaine invisible du temps et de l'espace, font passer devant lui le mirage trompeur des rêveries illusoires.

Maintenant que j'ai fait, pour ainsi dire, la part du somnambule dans la non-réussite des expériences magnétiques, je pense être en droit de proclamer que ces erreurs proviennent souvent des consultants et des objets sur lesquels ils consultent les somnambules; le moyen, en effet, de débrouiller, dans une lettre touchée par plus de vingt personnes, celle qui l'a écrite et dont on demande des nouvelles. Les consultants apportent souvent une ironie goguenarde qui taquine mes nerfs, au point que tout danse, sautille à mes yeux, et qu'il m'est impossible de rien saisir distinctement. D'autres ont la meilleure volonté du monde, une confiance enthousiaste, mais leur désir est si ardent, qu'ils font passer avec une rapidité foudroyante devant ma vue, des apparitions à moitié ébauchées; souvent, le désir que ma solution soit conforme à leur pensée, est si pressant, qu'ils m'influencent et m'émotionnent, en sorte que je ne fais que des transmissions de sensation et de pensée; enfin le somnambule qui, comme je l'ai reconnu, est souvent mal disposé lorsqu'il est en rapport avec une nature peu sympathique, ou dans une atmosphère où il y a des incrédules qui ont intérêt à ne pas être convaincus, ne pourra produire aucun fait de lucidité.

Le somnambule en qui son magnétiseur développe fluidiquement la lucidité lorsqu'il est en dispute avec lui, se sent irriter et exaspérer par son fluide, et plus son magnétiseur l'actionne violemment, plus les ombres obscurcissent sa vision. Très-souvent j'ai remarqué que l'arrivée d'un spectateur bienveillant réconfortait mon âme d'une vie toute-puissante et lui faisait franchir les obstacles devant lesquels elle restait arrêtée. Très-souvent le succès de mes séances était dû à la présence d'une femme ou d'un homme dont le fluide, comme une douce lumière, descendait en moi et m'éclairait d'une clarté miraculeuse qui donnait à ma lucidité une extension surhumaine.

Je ne terminerai pas ces quelques considérations sans appeler l'attention sur cette pensée, c'est que la non-lucidité, loin de faire douter de l'existence de cette merveilleuse faculté chez certains individus, doit y faire croire, car si elle était le résultat des subtilités de la prestidigitation elle n'échouerait jamais. Pour obéir à la voix de ma conscience, je dois de plus proclamer que les réponses que je fais sont toujours dictées par ma conviction, mais que ma conviction peut être faussée par les raisons que je viens d'énumérer, et l'erreur peut se glisser, à mon insu, dans mes paroles et tromper l'attente de ceux qui s'y fieraient aveuglément.

V.

LES SERVICES DU SOMNAMBULISME ET DU MAGNÉTISME.

> S'il existe au monde une science qui
> rende l'âme visible, c'est sans contredit
> le magnétisme.
>
> ALEXANDRE DUMAS

Je crois que le principal service rendu par le somnambulisme a été de démontrer, par des faits incontestables, l'existence de l'âme, dans ce temps où la croyance est bannie de toutes les préoccupations, où l'intérêt a remplacé le devoir. Ces expériences ont porté dans l'esprit le sentiment du spiritualisme vers un autre monde.

Les expériences de somnambulisme offrent un divertissement qui a un caractère de grandeur qui élève le cœur et impressionne l'âme, et la prépare, par degré, à se tourner vers Dieu, source immortelle, foyer divin de tout ce qui est miraculeux ; c'est

une vive lueur qui éclaire, pour un esprit observateur, les mystères de l'organisme, et lui fait discer-
ner la lumière des ténèbres, la vérité de l'erreur.

Le somnambulisme magnétique peut obtenir un
très-brillant succès appliqué à la guérison des maladies; il peut remonter à la source du mal et guérir
des souffrances réputées incurables par la science.
L'action du fluide, dans toutes les affections nerveuses, peut produire les meilleurs résultats et ral-
lumer la santé à la flamme même de la vie que nous
avons reconnu être le fluide magnétique. Appliqué
à la recherche d'objets perdus, de trésors enfouis,
bien que le succès se soit souvent complu à couron-
ner mes efforts, il serait peu loyal de proclamer que
je réussis toujours; il est certain que, dans ce cas,
il y aurait longtemps que j'aurais sur le tapis vert de
Hombourg ou sur celui de la Bourse, fait fortune
et arraché à la terre une partie des trésors qu'on y a
cachés et qui me seraient plus profitables qu'à elle.

Quant aux objets volés, on comprendra, après ma
profession de foi, que, sous aucun prétexte, je ne
consentirai à m'en occuper, depuis que l'expérience
m'a démontré que, subissant une de ces nombreuses
et funestes influences qui induisent en erreur le sujet
magnétisé, je puis porter un faux témoignage contre

un innocent Si la sympathie m'arrive, c'est que j'ai toujours voulu tenir à rendre le magnétisme estimable et que j'y renoncerai le jour où je croirai qu'un somnambule ne peut pas être un homme d'honneur.

VI.

AVENIR DU SOMNAMBULISME MAGNÉTIQUE.

Le magnétisme a été connu de tout temps.

Il doit souvent vous être arrivé de rencontrer des esprits affolés de progrès, qui espéraient qu'un jour l'erreur cessant de se produire dans les réponses des somnambules, le magnétisme ouvrirait toutes les poitrines et permettrait, pour ainsi dire, de lire comme dans un livre les pensées secrètes et ce qui se passe dans l'intérieur de la conscience humaine. Cette illusion ne peut exister si l'on admet comme vraies les révélations que nous venons de faire sur les causes de la non-lucidité.

Si je ne fais pas une réclame en faveur du magnétisme et du somnambulisme, je ne veux pas porter une accusation qu'il m'appartiendrait, à moi moins qu'à personne, de venir formuler. Je reconnais, au contraire, que la lucidité, malgré sa mobile variabilité, est le moyen dont Dieu s'est servi pour ramener à la croyance de la vérité religieuse, les esprits plongés dans le plus profond matérialisme. Je crois que c'est grâce au somnambulisme que l'homme peut prévoir ce qui se passera dans la vie future.

Ce qui m'empêche, je le reconnais, à la suite des magnétiseurs enthousiastes, d'entonner l'hymne de triomphe du magnétisme somnambulique, c'est que la voyance, qui, dans tous les temps, s'est produit avec éclat chez quelques sujets magnétisés, peut, même en ce siècle où le magnétisme est devenu la magie de la science et la science de la magie, se produire en dehors de l'action très-souvent inutile d'un magnétiseur.

De plus, le nombre des somnambules lucides n'est pas immense, et très-souvent cette faculté apparaît à de très-rares intervalles. Ceux qui ont le plus travaillé le magnétisme, sont tous arrivés à un si profond découragement, qu'il n'existe pas à Paris un magnétiseur sérieux, osant proclamer qu'il a rencontré chez un sujet une lucidité constante. Au surplus, pour arriver à une colossale fortune, il ne faudrait que rencontrer chez un sujet une lucidité constante huit jours de suite; car les phénomènes somnambuliques sont brillants, mais ils ne sont pas toujours constants, même chez les sujets qui sont doués, de la manière la plus libérale, de cette brillante faculté.

Aussi ceux qui, en vue d'un sordide intérêt, se refusent à les admettre, pourront toujours les nier, d'autant plus que leur scepticisme suffit à empêcher leur production et à désorganiser la lucidité du somnambule le plus remarquable.

VII.

L'AME, SA NATURE, SON ORIGINE, SON SIÉGE.

> L'âme émane de Dieu, comme la lumière
> émane du feu, le parfum de la fleur.

J'aborde un des sujets qui a le privilége d'attirer l'attention des hommes les plus sérieux et de les captiver. Aussi de toutes les parties du monde et de tous les siècles se dressent les penseurs qui ont consacré leur vie à l'étude de ce grand problème; mais je les repousse, ne voulant pas faire un livre avec d'autres livres.

Sentant le souffle de l'inspiration entr'ouvrir mes lèvres, et plongeant mon regard dans l'infini, je vais, contemplant mon âme en ce moment dégagée de l'enveloppe périssable des sens grossiers, tâcher de faire comprendre sa nature et les causes de ses merveilleuses facultés.

Je crois que, de tous les mots, celui de l'âme est sans contredit un de ceux que la science et la philosophie ont le plus mal défini, par la raison que pour qu'une âme arrive à la connaissance d'elle-même, il faut qu'elle soit assez dégagée du corps pour avoir conscience de ce qu'elle est.

L'homme ayant été créé pour être le trait d'union entre la terre et le ciel, le fini et l'infini, doit résumer en son corps le règne minéral, végétal et animal, amené à sa plus haute perfection, car c'est en lui que la nature et l'ordre matériel viennent se rencontrer avec l'ordre céleste, auquel il tient par son âme qui possède la faculté et est de la même nature que les esprits qui habitent le domaine invisible de l'éternité.

L'âme est un être immatériel quoique substantiel, créé par Dieu en chaque homme au moment de sa naissance, de la nature des anges et immortelle comme eux ; elle est invisible aux sens et ne peut être aperçue que par les somnambules doués d'une très-haute lucidité; elle est enfermée dans le corps comme dans une prison, et elle ne parvient à jouir ici-bas de quelques moments de liberté qui lui permettent de manifester ses facultés élevées, que dans l'état de voyance et d'extase, où elle s'arrache à l'empire terrible des sens ; c'est pour cela que les expériences de somnambulisme appliquées à des objets en apparence très-vulgaires, doivent toujours être faites avec conscience et sérieux, car c'est la partie céleste et divine de l'homme qui agit ; c'est pourquoi je considère comme un véritable sacrilége, de tromper la bonne foi du public à l'aide d'un faux somnambulisme.

L'âme est donc un être simple émanant de Dieu, sans participer à sa nature et sans en procéder. Elle est souverainement, activement et essentiellement intelligente, du moment où, rendue pour ainsi dire à elle-même, elle est séparée du corps ; car alors elle connaît tout, voit tout, vole d'un bout de l'univers à l'autre, se promène dans le temps comme dans son domaine, et ranime à son gré les générations évanouies ; rien ne lui est plus caché, car ce qui borne les facultés de l'homme, c'est l'imperfection des organes matériels, limités, finis et souvent altérés, qui lui servent dans les opérations habituelles de la vie.

Dans le somnambulisme, l'âme a soin de s'affranchir des sens, ou bien, par un caprice bizarre en apparence, mais d'un haut enseignement, elle les transpose en intervertissant leurs fonctions. Ainsi elle lit par les doigts au lieu de lire par les yeux, fantaisie dont le simple énoncé a le singulier privilége d'exaspérer outre mesure les nerfs irritables des membres de l'Académie de médecine.

L'âme habite le corps, mais elle n'a son siége dans aucune partie; ceux qui l'ont placé dans le sang, dans les nerfs, dans le cerveau, au cœur, ignoraient sans doute sa nature et étaient doués d'une imagination par trop inventive. Pour le somnambule, voir son âme, connaître avec certitude sa spiritualité et son immortalité, est le cachet d'une si haute lucidité, que je n'ai écrit ce chapitre que persuadé que les faits nombreux de voyance somnambulique que je citerai, revêtus de l'autorité des noms les plus honorables, me permettront de le faire imprimer. Sans ces faits opérés par moi, je n'aurais aucun droit à venir traiter un semblable sujet, et je m'en garderais comme d'une impudente témérité.

L'âme est la même à toutes les époques de la vie de l'homme; seulement elle se trouve associée à un organisme qui croît, se développe, puis finit par s'altérer et se détériorer; or, l'instinct étant la vie de l'organisme livré à lui-même, et les hommes n'étant habituellement gouvernés que par leurs instincts, il en résulte que l'homme, dans sa manière d'agir, de penser et même d'aimer, semble n'avoir en lui, comme principe d'amour, d'action et de pensée, que la vie des sens ; aussi ce principe croît et décroît avec l'âge et semble participer à toutes les altérations que subit l'organisme, tandis que dans l'ordre supérieur de la voyance, plus l'organisme est anéanti, plus l'âme est parfaitement dégagée, et plus ses actions, ses perceptions, ses sentiments sont infinis et miraculeux par leur force, leur étendue et leur sublimité.

L'âme existe dans chaque enfant; seulement, par une des lois les plus mystérieuses, qui tient au plan providentiel de la création, on reconnaît que Dieu a voulu le faire passer par les règnes minéral, végétal et animal, avant de le faire arriver au règne spirituel où l'âme se manifeste. Même ayant atteint l'âge d'homme, bien souvent il reste un être purement d'instinct, et l'on comprend jusqu'à un certain point, son obstination à nier en lui l'existence d'un principe immatériel que non-seulement il ne sent pas, mais qui, de plus, ne manifeste sa présence en lui par aucun de ces actes, par aucun de ces miraculeux phénomènes qu'il est impossible de classer dans la série des faits opérés par les animaux, qui n'ont rien d'immatériel en eux.

Les perceptions du somnambule, comparées à celles d'un homme ordinaire, montrent toute la différence qui existe ici-bas entre l'âme et l'instinct, et me font entrevoir en conséquence la différence qui ne peut manquer d'exister entre les habitants de l'autre monde et ceux qui vivent sur cette terre. Il est certain que pour tout homme qui a vu les opérations phénoménales de la vue à distance, les hommes qui se laissent simplement conduire par la clarté douteuse de l'instinct, sont des aveugles-nés, qui n'ont pour conduire leur marche que l'instinct de leur chien et ignorent les beautés inconnues dont les prive leur cécité.

Les esprits qui sont plus susceptibles de crainte que de vaillance, les imaginations troublées jour et nuit par le délire du scrupule, ont cru devoir redouter le somnambulisme comme une satanique sorcellerie ; ils ont reconnu dans ces phénomènes propres à donner au cœur la foi, les ruses malicieuses de l'esprit du mal ; d'autres ont même vu dans la proclamation de cette opinion moyen âge, dont ils rient les premiers à gorge déployée avec leurs amis, un moyen de troubler les têtes faibles et de régner sur les consciences éperdues d'effroi, en leur démontrant que le diable n'avait pas tout à fait renoncé à venir sur cette planète et à y manifester son action.

Je ne doute pas que ceux qui émettent de semblables doctrines et qui parviennent à y faire croire, soient en droit de mépriser la faiblesse intellectuelle de leurs dupes, en attendant qu'ils l'exploitent; mais ce qui me paraît invraisemblable, c'est que leurs adeptes se trouvent être, pour la plupart, des femmes et des hommes qui ont passé une partie de leur existence à entendre prêcher, à lire et même à chanter les vérités révélées que l'Église oblige les fidèles à croire, et qu'il ne soit venu à la pensée d'aucun que, suivant l'enseignement catholique, tout homme ayant une âme, rien, en vérité, ne s'opposait à admettre que le somnambule en eût une comme tous les autres habitants de cette terre, et à conclure que cette âme étant immatérielle, elle devait jouir des facultés dont jouit tout être immatériel du moment où il est isolé de la matière, qui sont la vue à distance dans l'espace au travers les corps les plus opaques et même dans les sphères inaccessibles aux regards de l'homme. Les personnes sincèrement chrétiennes, dans les mains desquelles ira ce livre, me sauront gré de cette protestation contre une opinion que réprouvent leur cœur et leur esprit et qui les empêcherait d'assister à une séance de somnambulisme. Quant aux esprits qui aiment mieux craindre que croire, haïr qu'aimer, ils y trouveront une certaine consolation en nous voyant renier Satan comme notre force et notre lumière ; car renoncer aux œuvres du diable, c'est, selon eux, réaliser un miracle de conversion. Nous avons un ton semi-sérieux comme l'esprit de ce siècle, lorsque nous abordons un semblable sujet, et cependant il y a dessous cette accusation bien du sang et bien des larmes ; car si, en âme et en esprit, je me transporte dans l'antiquité, ce qui est sans difficulté pour moi dans l'état de lucidité que le magnétisme développe en moi, je reconnais que mes vues à distance m'auraient valu la vénération des peuples dans ce temps de civilisation, tandis qu'elles m'auraient valu les tortures et le supplice au moyen âge.

Je me vois accusé d'avoir aperçu ce qui se passait en d'autres lieux, comme tant de malheureux qui avaient comme moi reçu de leur mère cette faculté ; je me sens livré à ces tortures qui cruellement commencent par briser mes os et déchirer ma chair avec des ungles de fer, afin de me forcer à révéler le nom du démon avec lequel j'ai fait un pacte qui me permet de réaliser de semblables prodiges ; puis me voici revêtu d'une chemise soufrée, ayant dans les mains un cierge de cire de trois livres, et conduit, précédé des pénitents gris et du bourreau rouge, à la place où je vois s'élever un bûcher destiné à me purifier de mes souillures et de mon commerce diabolique avec les démons, en me brûlant à petit feu ; puis après l'on jettera mes cendres au vent, afin qu'il ne reste pas vestige sur cette terre d'un diable de mon espèce.

A côté de ces persécutions qui tuent, il y en a une plus cachée et plus perfide, c'est celle qui diffame et qui enlève la réputation, cette chose précieuse pour la conservation de laquelle, sans être d'un courage extraordinaire, l'on risque sa vie et l'on expose sa poitrine à la balle d'un pistolet ou à la pointe d'une épée.

Un succès immense, je le reconnais sans peine, a accueilli les livres qui ont insinué que bien que je sois armé d'ongles au lieu de griffes, je n'en étais pas moins un démon déguisé en jeune homme, et on a tâché de faire comprendre que venir me trouver c'était se mettre en rapport avec un représentant de

l'esprit des ténèbres. Ceux qui propagent de pa   э
monde de semblables doctrines sont de ténébreux
ignorants ou d'impudents menteurs.

Il y a un préjugé contre lequel on a eu le tort de
ne pas assez énergiquement protester, et qui consiste
à croire que le somnambule est un être d'une passi-
veté absolue qui perd jusqu'au sentiment de ses volontés et auquel on peut faire révéler tous ses secrets; c'est cette crainte qui empêche, malgré le
désir qu'elles en ont, la plupart des femmes de se
faire magnétiser. Pour nous, le somnambule, s'il est
lucide, a plus de volonté que dans l'état de veille ;
car l'âme étant plus dégagée des obstacles qui en-
chaînent ses volontés, doit être infiniment plus étrangère aux influences qui les neutralisent dans l'état
de veille ; je vais plus loin, je dis que, sans libre ar-
bitre il ne peut y avoir de lucidité. D'autres, igno-
rant complétement le mécanisme de la lucidité, ne
peuvent se résoudre à admettre que l'état de dégagement de l'âme du corps ne puisse se prolonger
sans exposer le somnambule à des crises qui met-
traient sa vie en péril, et qu'il arrive un moment où
la voyance décroît sensiblement et finit par s'é-
teindre. Aussi, trouvent-ils étrange que, fatigué de la
communion d'esprit où je me suis trouvé avec eux,

je sois forcé de me lever pour sonner, afin que mon magnétiseur vienne me dégager. Il est certain que de semblables reproches ne sont jamais dans les bouches d'êtres doués d'une intelligence supérieure.

La définition que j'ai donnée de l'âme sera, je n'en doute pas, un jour admise comme étant formulée par les lèvres de la vérité elle-même ; mais pour que ce jour arrive, il faut que des faits nombreux se soient produits, et que, les voyant surgir de toute part, les esprits soient familiarisés avec eux, afin que ce qui aujourd'hui semble impossible, paraisse probable.

Il n'y a pas de science plus propre que celle du somnambulisme, à donner à l'âme cette élévation qui fait les hommes d'honneur et rend les peuples heureux à l'intérieur et estimés à l'extérieur.

Je dois cependant, par respect pour la vérité, dire que l'âme n'étant pas complétement isolée de la matière dans la lucidité somnambulique, il est impossible de voir dans cet état autre chose qu'une ébauche grossière de ce qu'elle sera lorsqu'elle aura quitté son corps. C'est cet imparfait dégagement, qui laisse le somnambule sous la dépendance de l'état de veille, en sorte que très-souvent il se sert de son imagination, de sa raison, de son instinct de ses

souvenirs, et donne au consultant des renseignements qu'il aurait pu trouver en lui-même sans
sortir de son appartement ce qui signale l'action de
l'âme et la manifeste aux esprits plongés dans l'é-
pouvante et le respect, c'es lorsque le somnambule
pénètre l'impénétrable et franchit les distances de
temps et d'espace avec une foudroyante rapidité.

Le somnambulisme excite tout à la fois la haine
des croyants et celle des incrédules. Les croyants,
sachant parfaitement que les plus beaux discours
des plus éloquents prédicateurs du Christianisme
produiront moins d'effet qu'une guérison miraculeusement opérée ou une vue à distance parfaitement exécutée, ne pardonneront jamais aux magnétiseurs et aux somnambules de produire des miracles,
de réaliser des prodiges sans le concours du clergé.
Les incrédules, de leur côté, qui reconnaissent la
difficulté de nier l'âme si l'on admet la lucidité somnambulique, et qui, de plus, savent parfaitement
que, du moment où le spectacle du surnaturel a
ému un être humain, il entre dans un enthousiasme
fanatique et embrasse avec ferveur la religion du
pays qu'il habite; car le surnaturel prosterne les
fronts devant la majesté de Dieu !!!

Il est hors de doute que, comme intérêt personnel, il me serait plus avantageux de présenter mes expériences comme des tours de prestidigitation ; par là, j'éviterais la haine de ceux qui voient dans la lucidité somnambulique une sorcellerie déguisée, et je passerais pour un homme fin, spirituel et adroit ; mais au fond de ma conscience, croyant remplir une mission en démontrant par des phénomènes qui ne peuvent être l'œuvre de la matière, l'existence de l'âme, j'aimerais mieux renoncer au somnambulisme que me faire passer pour prestidigitateur.

Lorsque ma santé me le permettra, je poursuivrai activement le cours de mes expériences de lucidité, œuvre pénible suivie d'abattement et d'épuisement considérable. Tous les jeudis, depuis deux ans, je donne une séance gratuite pour ceux qui désirent contempler les facultés de l'âme dans les phénomènes de la lucidité somnambulique. Je crois très-sincèrement qu'il n'y a pas d'enseignement plus utile que celui des faits ; aussi j'en produis le plus que je puis ; mais ce travail surhumain m'épuise, car je l'accomplis, pour ainsi dire, à la sueur de mon âme !

La lucidité somnambulique est loin d'être le seul moyen pour l'âme de rentrer dans la plénitude de ses facultés ; elle peut arriver à ce résultat par une restauration qui détruise les effets de sa chute originelle et lui permette d'arriver à briser les liens de servitude qui la retiennent impuissante sous l'empire du corps.

Dans toutes les maladies qui, semblables à la catalepsie, neutralisent l'action des sens, l'on voit se produire les mêmes effets que dans la lucidité somnambulique ; l'âme, en rompant momentanément toute communication avec la matière, toutefois autant que cela lui est possible sans mourir, arrive à présenter ces facultés élevées qui sont, pour ainsi dire, l'auréole de sa gloire future et qui, seules, peuvent donner à l'intelligence la connaissance de la nature de l'âme, de l'infinie puissance de ses opérations, et lui persuader que seul, entre tous les êtres animés, l'homme en est doué.

Souvent l'on m'a demandé si le somnambulisme était susceptible de rendre des services à l'humanité. Je crois cette question résolue par le chapitre où j'ai démontré que s'il y avait au monde une science capable de montrer une âme aux incrédules, c'était le somnambulisme lucide.

C'est en comprenant l'étendue des facultés de son âme, que l'homme parviendra à comprendre les hautes destinées pour lesquelles Dieu l'a créé ; il se sentira roi de la création, en attendant que son âme, rendue tout à fait à elle-même, jouisse des facultés qu'il a entrevues dans les phénomènes du somnambulisme lucide.

L'âme se sent, par les fibres du cœur, bien plus encore qu'elle ne se voit. Ceci me rappelle une anecdote dont j'ai gardé le déchirant souvenir. Ma mère, de qui, ainsi que mon frère Adolphe, qui habite Londres, où il s'est fait une grande réputation de clairvoyance parmi la plus haute aristocratie, nous tenons notre prédisposition à la lucidité somnambulique, avait un de ses fils malade, qu'elle s'était vue forcée de mettre dans une maison de santé ; ayant été l'y voir dans la journée, le médecin lui dit qu'il était en pleine convalescence et que le lendemain il pourrait sortir et retourner chez elle. A deux heures après minuit trois violents coups retentissent au pied de son lit, ses cheveux se dressent sur sa tête, un frisson glacé court dans son dos et frémit dans tous ses membres ; elle appelle mon père avec des cris déchirants et lui dit : « Notre fils est mort, j'ai senti son âme quitter son corps pour aller dans un autre monde.» Le lendemain l'on apprit que mon frère avait rendu le dernier soupir au moment précis où ma mère avait senti son âme abandonner sa dépouille mortelle.

La mort, pour ceux qui, avec une attention sérieuse, méditeront ces considérations sur l'âme, cessera de leur paraître redoutable ; car il est certain que, semblable au sommeil magnétique, en supprimant le despotisme abrutissant du corps sur l'âme, elle la rendra à elle-même et doublera en étendue et en force sa merveilleuse faculté.

Quant à moi, je crains que ces idées soient comprises de bien peu d'esprits ; car si elles correspondent aux aspirations élevées de l'âme et aux besoins du cœur, elles sont loin d'être en parfaite concordance avec les préjugés scientifiques et philosophiques dans lesquels la génération de ce siècle a été élevée. Aussi sera-t-il probablement de ces clartés vivantes, de ces vérités, comme de cette lumière dont parle saint Jean, qui est venue parmi les ténèbres et que les ténèbres n'ont pas comprises ! ! ! !

VIII.

> Aimez-vous les uns les autres.
> JÉSUS-CHRIST.

Il est impossible que l'âme, isolée de son corps et s'élevant à une hauteur infinie, ne jouisse pas de la perception complète de la vérité religieuse ; ce qui, jusque-là, a été caché, lui devient visible ; elle voit, elle sent, elle agit, elle se meut dans l'infini. Dans l'état de veille, le corps aveugle sa vue et l'empêche de contempler Dieu ; dans la lucidité, au contraire, éclairée par une lumière divine, elle soulève le voile de tous les mystères et arrive à la connaissance des vérités les plus cachées qui ont exercé l'esprit des plus savants penseurs. Au nombre de ces problèmes, un des premiers est celui-ci, qui se place au commencement de l'histoire du monde et se formule ainsi : Qu'est-ce la vie ?

Cette question, selon moi, est restée sans réponse satisfaisante ; les uns ont dit : c'est le mouvement ; les autres ont répondu : non, l'action de se mouvoir n'est pas la vie, car ce serait la refuser aux plantes, et ils ont dit : la vie est la force cachée au sein de la nature, qui fait croître et décroître tout ce qui est ici-bas ; plusieurs, se rapprochant de la vérité, ont dit : c'est l'électricité ; mais ce mot a été un son pour l'oreille sans devenir une lumière pour l'intelligence. Quelques-uns, craignant de se compromettre, ont écrit : la vie est l'opposé de la mort ; une semblable question n'est pas résolue par de semblables réponses, et, dans l'anxiété, l'humanité continue à attendre qu'un prophète ou un voyant vienne lui expliquer le mystère de la vie et de la mort.

Je vais tâcher de répondre à leur attente, car pour moi, dans l'état de lucidité, il n'y a aucun mystère qui puisse exister, puisque le voile qui cache les vérités aux hommes et les rend un mystère pour eux, c'est le voile de leurs sens, et que ce voile est soulevé ou simplement rendu transparent pour moi par l'action magnétique, en sorte que je puis contempler en esprit la vérité que le nuage du mystère a cessé de recouvrir au moment où le bandeau des sens qui voilait la vue de mon âme est tombé.

L'immense avantage que j'ai pour traiter ces questions, c'est que j'ai toujours vécu étranger aux préjugés de l'enseignement ; ce que je sais, je l'ai vu ; mon âme a délaissé la science humaine pour étudier la science des sciences et arriver à la connaissance de l'homme, de Dieu et du monde.

Si je suis totalement dépourvu de grades universitaires et si je ne puise pas mon autorité dans des examens brillamment subis, j'ai pour moi des faits qui semblent dépasser les limites du possible ; je n'ai pas besoin d'une carte de géographie pour connaître un pays, il suffit de la volonté du consultant pour que je m'y rende en esprit, que je le visite, je le décrive et que je le connaisse comme si j'y étais né. De même en histoire ; évoquez le nom d'un grand personnage, et non-seulement je le vois, mais je connais, si je suis très-lucide, ses mœurs, ses habitudes, le plan auquel se rattachait ses pensées, ses actions et jusqu'au sentiment de son cœur.

Il existe répandu dans le monde un fluide subtil, lumineux, impondérable, qui anime mystérieusement toutes les parties de la création où il entretient le mouvement et auquel il donne la vie invisible à l'œil des sens ; on sent sa présence, mais on ne le voit que dans l'état de lucidité où il paraît un souffle de lumière prenant tour à tour toutes les couleurs de l'arc en ciel ; c'est lui qui fait végéter les plantes, c'est lui qui fait vivre les animaux et les hommes. Ce fluide spirituel est un, mais il modifie diversement sa nature suivant le corps qu'il anime ; son absence produit la mort dans les parties où sa présence entretenait la vie.

J'ai toujours trouvé que le nom de fluide magnétique appliqué à ce principe, avait un suprême désavantage, celui de ne pas le définir ; le nom de fluide vital, au contraire, étant plus vaste et plus général, me semblerait infiniment plus approprié à ce principe, qui non-seulement est, pour l'Univers comme pour l'humanité, le principe essentiel et spirituel de la vie, mais est encore pour ceux qui ont étudié sa nature et ses effets, ce qui dans toutes les langues et par toutes les nations qui, vivent et ont vécu sur cette terre, a été considéré comme la vie.

Ses effets sont nombreux, mais pour le bien connaître il faut l'étudier dans tous, car sans cela il deviendrait impossible de se faire une idée juste du rôle si important qu'il joue dans l'harmonie admirable du monde. Pour moi, recevant de lui des facultés qu'il n'accorde pas habituellement aux autres hommes, je croirais être partial en me bornant à montrer son rôle dans les opérations si nombreuses du somnambulisme ; je montrerai les services qu'il rend à l'humanité ; car, semblable au soleil, dont il est la vivante et bienveillante manifestation, il se donne à tous avec une généreuse libéralité.

Depuis que le monde a été créé au plus profond des abîmes de la mer, au sein des entrailles de la terre, au sommet couvert de neige des montagnes, il porte un principe de vie qui, pour être caché, n'en est pas moins réel, car tout cela est encore la nature, et le mot nature signifie vie ; seulement la vie a bien des degrés ; elle se montre à un degré moins élevé dans le grain de poussière que dans la fleur, dans l'arbre que dans l'animal, dans la bête que dans l'homme ; mais pour la vue de mon âme, il y a un ineffable bonheur à contempler les mystérieuses opérations de ce principe merveilleux de la vie animant les astres et donnant le mouvement à ces mondes de lumières fécondant la terre, la couvrant de verdure et de fleurs, faisant croître les arbres et se mouvoir les animaux suivant les règles préétablies par Dieu à l'origine de la création de l'instinct; si ce principe est le principe même de l'harmonie et de la vie dans l'univers, il devient, lorsqu'il s'infiltre dans la nature humaine, supérieur dans le nombre comme dans la qualité de ses effets. L'examiner dans toutes ces opérations, c'est tout simplement écrire la théorie du magnétisme. Personne, jusqu'à ce jour, n'a pensé à procéder de la sorte ; mais il est des somnambules, ces coureurs de monde, comme des voyageurs, ces coureurs de pays, ils aperçoivent d'abord le sommet des édifices et la cime des montagnes, car dans l'état de lucidité l'on vit dans l'infini. L'horizon, cette borne de la vue, n'existe plus, le passé devient présent, la terre et le ciel n'ont plus rien de caché pour celui qui en est doué, il sent, il voit le principe qui anime toutes les sphères créées, et il lui est facile de le définir et de le décrire.

Pour bien connaître la vie, il faut être somnambule ; car chaque fois qu'un magnétiseur a infiltré en un somnambule son fluide vital, ce somnambule a senti en lui un des effets de la vie. Tous les somnambules ne sont pas propres à ressentir en eux tous les effets ; mais si la lucidité ne les fait pas tous sentir elle les fait tous voir.

Si l'on s'en rapportait au nom de fluide magnétique que porte ce fluide vital, ce fluide serait un principe à l'aide duquel le magnétiseur attirerait son somnambule ou son sujet, comme la pierre d'aimant attire le morceau de fer, ce qui serait borner les effets du magnétisme à un simple phénomène d'attraction, et, en conséquence, le restreindre outre mesure; je reconnais cependant que cet effet existe, et je vais décrire ce que je vois se passer lorsqu'un fragment d'acier est attiré par un morceau de fer aimanté. Je vois, autour de cette tige d'acier, deux courants fluidiques s'enrouler comme les serpents autour du caducée de Mercure, puis se retirer avec une électrique rapidité vers le morceau d'aimant dont ils émanent, et la ramener ainsi enroulée dans leurs liens pour les fondre à lui !

Le magnétiseur produit un effet semblable sur son sujet même ; cette faculté existe jusque chez les animaux, où certains oiseaux de proie exercent sur certains autres plus faibles, d'une nature douce et inoffensive, une réelle attraction; où le serpent fascine l'oiseau. Je pourrais très-facilement démontrer que l'amour, dans la majorité des cas, n'est qu'une attraction fascinatrice et magnétique, et expliquer de cette manière la séduction irrésistible exercée par certaines femmes sur certains hommes et réciproquement; mais je craindrais blesser la juste susceptibilité de mon ami Henri Delaage, qui ne me verrait pas avec plaisir venir traiter un sujet qu'il a plus étudié et qu'il sait mieux que personne.

Une des plus admirables facultés accordées à la race humaine par le bienfait de la vie, est la sensibilité, ou la puissance de ressentir non–seulement les sensations physiques, mais encore d'éprouver, à l'aide de ce fluide qui circule dans tous les nerfs, toutes les impressions avec une rapidité électrique. Le magnétiseur, en agissant sur ce fluide, principe de la sensibilité, peut, au gré de sa volonté, l'augmenter dans toutes les parties du corps ou produire l'insensibilité, et faire en sorte que les plus cruelles opérations puissent être exécutées, sans le moindre sentiment de douleur physique, sur le sujet magnétisé, et dont la partie sur laquelle l'on expérimente est tout à fait cataleptisée.

Une des propriétés de la vie est de permettre à l'homme de se mouvoir dans l'espace et de donner à ses membres une force capable de soulever une partie des obstacles qu'il rencontre. Du moment où ce principe est le principe même de la force et du mouvement, le magnétiseur, en augmentant son énergie, arrivera à redonner des forces au sujet magnétisé, et l'on peut poser en aphorisme cette vérité,

c'est que toujours un être débile et faible sera for-
tifié par la magnétisation d'un homme sain d'esprit
et de corps ; car ce principe étant celui de la force et
du mouvement, magnétiser, c'est faire généreusement partager à un être faible ces biens précieux
que l'on a reçus de la Providence.

C'est la vie qui est la source de la croissance et de
la fécondité ici-bas ; toute action ne pouvant s'opérer qu'à l'aide de ce fluide, l'homme s'en sert toutes
les fois qu'il veut faire exécuter un mouvement à
l'un de ses membres, en sorte que rien, dans l'ordre
de l'action, ne peut avoir lieu sans la vie, et que
l'immobilité est un des caractères de la mort. Mais
le fluide étant fécondant et fortifiant, chaque fois
que l'on exercera un membre on le fortifiera. C'est
en vertu de cette loi, qui est une des plus importantes de la physiologie et de l'hygiène, que l'on a
reconnu que les forces du corps étaient toujours en
proportion des exercices physiques auxquels il se li-
vrait, et que, dans les temps modernes, la science de
la gymnastique a prouvé que l'exercice était le père
de la force.

Ce principe est non-seulement la source de la sensibilité et de l'activité, il est encore la source de l'intelligence. C'est une vérité visible pour tous les su-

jets lucides, que c'est la présence au cerveau du
fluide vital qui produit les facultés, éveille le souvenir, anime l'imagination, fait naître l'intelligence,
comme la présence des doigts d'un habile musicien
sur les touches mélodieusement ébranlées d'un
piano, produit des sons dont l'harmonie jette les
esprits dans l'enchantement. Les magnétiseurs ont,
en conséquence, remarqué qu'en chargeant de fluide
vital une des protubérances du crâne d'un sujet magnétisé, l'on développait toujours les facultés, l'in-
clination, le penchant qui, dans la classification
phrénologique, correspondait à cette protubérance.

Pour produire ces effets, qui sont les plus élevées
manifestations de l'homme en cet univers, avec une
merveilleuse puissance de transformation, il se fait
actif, intellectif et sensitif, avec les nuances propres
à l'effet qu'il veut produire. Or, si l'on communique
ce principe, par l'action magnétique, à un sujet propre à l'absorber, il sera nécessairement pour lui et
en lui, actif, intellectif et sensitif, selon l'action qu'il
voudra produire, la pensée qu'il voudra éveiller, le
sentiment ou la sensation qu'il désirera faire naître.

Voilà tout le mystère de la transmission de pensée; il touche au mystère même de la vie; mais, encore une fois, l'un comme l'autre apparaissent à l'es-

prit avec une évidente clarté, et ce serait même un
moyen d'arriver à une classification parfaite des facultés et de connaître leur place sur le crâne humain, si malheureusement cette série de phénomènes ne pouvait rentrer dans une nouvelle série d'effets opérés par le fluide vital en l'humanité, et auquel les magnétiseurs ont donné le nom de transmission de pensée et de sensation. Ces phénomènes
sont très-curieux, très-réels et d'une immense importance en philosophie, mais ils sont toujours, pour
les somnambules lucides, une source d'erreurs.

J'ai posé en principe que non-seulement le fluide
vital est le principe de l'activité de l'intelligence et
de la sensibilité. Maintenant, pour expliquer la
transmission de pensée et de sensation, il suffit tout
simplement de rappeler que le fluide magnétique est
transmissible.

J'ai tenu à prouver que la vie avait en elle deux
forces, l'une négative et l'autre affirmative; qu'elle
éveillait outre mesure la sensibilité nerveuse ou l'endormait dans un sommeil cataleptique, ayant le caractère, la nature et les apparences de la mort. C'est
en vertu de cette puissance, que le magnétiseur arrive à produire la mort apparente des organes matériels et la suspension du despotisme des sens sur

la majesté de l'âme, et contribue à développer chez le somnambule cette merveilleuse faculté que l'on nomme la lucidité, dans laquelle, sur l'aile de la volonté, l'esprit, plus rapide qu'un rayon de lumière, s'élance à des distances immenses, visite les régions les plus lointaines, et pénètre jusqu'au sein de l'éternité, où, ravie à la vue des splendeurs de la vie future, elle entre en extase.

L'extase est la vision des beautés ineffables de l'ordre céleste, par une âme isolée de l'enveloppe terrestre qui l'abrutit et arrachée aux préoccupations de ce monde. En cet état, les traits, transfigurés par une radieuse béatitude, arrivent à une beauté idéale qui est un sujet d'admiration pour les peintres et les poëtes. L'extase est à la lucidité ce que le mysticisme est au spiritualisme. Comme cette doctrine philosophique, elle a pour but de laisser la terre et de s'en éloigner le plus possible pour se rapprocher de Dieu. Le but est noble, sublime, élevé. Malheureusement, que d'esprits, trop débiles pour accomplir cet audacieux voyage, se sont perdus dans les nuages des plus folles rêveries et ont manifesté leur erreur par le vague de leur doctrine.

Il serait inutile de vouloir le nier, le caractère de l'erreur est l'indéfini. Du moment où un esprit flotte

dans les ténèbres du nébuleux, c'est un esprit égaré.
Aussi, dans nos expériences, nous sommes-nous perpétuellement complu à être précis, clair et net comme
la langue française dans laquelle nous nous expri-
mions. Les renseignements sans précision laissent
l'esprit dans le vague et l'indécision. Les somnambules qui cherchent dans l'ambiguité de leurs termes et l'obscurité de leurs paroles à éblouir leur consultant, dorment peut-être, mais à coup sûr ils ne
sont pas lucides. J'ai, pour ma part, retiré un immense avantage de l'habitude d'être, dans l'état de
veille, en rapport avec le public, c'est celui de pouvoir lui parler un langage qu'il comprît.

Ce chapitre et le précédent n'ayant jamais été considérés au point de vue où nous les avons considérés,
exigeront des lecteurs les plus familiarisés avec ces
matières, une attention soutenue. J'ai tâché d'éclairer, en les définissant, deux mots qui voltigent sur
toutes les lèvres sans être compris des oreilles qui
les recueillent, car, pour les concevoir, il faut les
voir par les yeux d'un somnambule qui voit l'âme et
la vie et les contemple dans l'invisible mouvement
de leurs opérations les plus cachées pour la vue bor-
née des sens, qui ne saisit que la superficie des objets,
et pour laquelle les limites surgissent de toutes parts.

Il y a certainement un réel sentiment de plaisir dans la contemplation des hautes vérités ; mais il semble que Dieu, qui a donné la vie à tous les êtres, n'en ait réservé la vue qu'à l'âme de certains membres de la famille humaine, plus privilégiés que les autres.

J'ai suivi à sa naissance la vie, et je l'ai vue courant, invisible flamme subtile, s'élancer d'un pôle du monde à l'autre, pénétrer en tous sens la terre de son électricité vivifiante et fécondante ; je l'ai admirée la revêtant d'un vêtement de lumière et la rendant radieuse comme les autres planètes, ses sœurs en Dieu, leur créateur ; puis je l'ai vue développant les plantes et couvrant les arbres de fleurs et de fruits, donnant l'instinct et le mouvement aux animaux, puis douant l'homme d'intelligence, d'amour et de force.

Rentrant dans l'esprit de ce livre, j'ai montré l'action du fluide vital dans les hautes facultés du somnambulisme, au moment où l'âme, dégagée de son corps plongé cataleptiquement dans un sommeil de mort avec une électrique rapidité, franchit les distances du temps et de l'espace, entre en communion avec les vivants et les morts, et reçoit avec extase et ravissement le souffle céleste de l'esprit.

Traiter ces sujets, c'est s'élever au-dessus des ci-
mes les plus élevées des sciences humaines, et venir
plonger son œil avide de clarté dans la lumière in-
crée du monde de l'éternité ! ! !

IX.

COMMUNION DES VIVANTS ET DES MORTS.

Le progrès est la gravitation de l'âme vers Dieu.
H. DELAAGE.

Après avoir défini l'âme et la vie, il est nécessaire de montrer par quelle mystérieuse opération l'âme, arrivée à l'état de lucidité par un isolement partiel de la matière, peut entrer en communion directe avec les sentiments du cœur et les pensées du cerveau des personnes avec lesquelles le somnambule se trouve être mis en rapport. La lumière étant portée sur ce point, les faits de lucidité recueillis et cités dans ce volume paraîtront vraisemblables, et étant admissibles pour l'intelligence, la raison n'aura plus aucun prétexte pour les nier.

A peine le somnambule a-t-il reçu la lumière du

magnétiseur, qu'il se passe, même aux yeux des assistants les moins observateurs, des faits d'un ordre propre à donner un but à la réflexion de leur esprit : ses yeux se retournent dans leur orbite et sa voix devient plus profonde.

Pour moi, sous l'action convulsive du fluide magnétique, je me sens, pour ainsi dire, tout à fait transformé : il me semble que la vie s'est retirée au dedans de moi et y a éveillé un être intérieur qui jouit de facultés infiniment plus étendues ; je me sens doué d'organes infiniment plus exquis et plus perfectionnés que dans l'état de veille, et les entreprises les plus audacieuses me semblent un jeu d'enfant, car je sens une force, une lumière qui agissent puissamment en moi et me permettent d'accomplir, sans hésiter, les désirs les plus extrêmes de mes consultants.

A peine ai-je dans mes mains une mèche de cheveux imprégnée du fluide vital d'un individu vivant ici-bas, qu'avec la rapidité électrique avec laquelle s'opère la sensation, mon esprit se trouve emporté dans l'espace et réuni à celui de cet individu ; j'ai cherché un nom pour peindre cette étonnante merveille qui m'unit instantanément d'esprit avec les personnes dont on me remet un fragment de vêtement ou une mèche de cheveux, et je n'en ai pas trouvé de plus expressif que celui de communion. En effet, mon esprit, triomphant de l'espace avec une incalculable rapidité, va s'unir avec celui dont je sens le fluide dans la partie du monde où il se trouve au moment où l'on me met en rapport avec lui, et je suis si bien présent en esprit dans le même lieu que lui, que j'entends le langage des personnes qui l'entourent sans le comprendre, si la langue m'est inconnue, et que je suis en état de décrire, dans leurs plus minutieux détails, les beautés ou les particularités des sites ou des monuments qui l'environnent.

Si j'aime, pour peindre cette miraculeuse union des esprits à travers l'espace avec une instantanéité électrique, à employer le mot de communion, c'est que je me sens tout à fait identifié avec l'individu avec lequel je suis en rapport ; ma présence, quoiqu'invisible, est si réelle, que non-seulement je puis regarder par les fenêtres de l'appartement qu'il habite, entendre ce qu'on lui dit et ce qu'il répond, voir ce qu'il fait, lire ce qu'il écrit, mais encore parce que je souffre de la maladie dont il souffre, je suis inquiet de ses inquiétudes, content de ses joies ; ma figure prend quelquefois l'air de son visage, et mon écriture devient son écriture. Je sais parfaitement que tout ce que j'écris ici est si féerique en apparence, quoique vrai en réalité, que si je n'avais rendu témoins de ces phénomènes et convaincu de leur réalité les hommes les plus intelligents de ce siècle, je n'oserais pas le faire imprimer.

Plusieurs magnétiseurs ont cru que ce voyage était imaginaire et ils ont même écrit que l'on n'avait rien qui puisse prouver que l'esprit du somnambule se trouvait réellement transporté au lieu où se trouvait la personne dont on lui avait remis les cheveux; il y avait un moyen bien facile de parvenir à la solution de cette question, c'était tout simplement d'endormir deux somnambules dans deux villes de France et de les envoyer se visiter réciproquement. S'ils s'étaient donné la peine de faire cette expérience, ils auraient acquis cette certitude : c'est qu'au moment précis où un des somnambules aurait touché à une mèche de cheveux de l'autre somnambule, ce dernier aurait senti en lui la présence de l'esprit du sujet avec lequel ses cheveux le mettaient en rapport.

Si ce que je viens d'écrire semble déjà d'une invraisemblance radicale pour tous ceux qui n'ont jamais été témoins de mes expériences et ne sont jamais venus me consulter, combien, à plus forte raison, semblera-t-il impossible que je puisse être en communion non-seulement avec les vivants mais encore avec les morts; et cependant des expériences mille fois répétées et mille fois couronnées du plus éclatant succès, ont démontré que si la terre avait le corps du défunt et l'éternité son âme, il restait encore assez de leur personnalité sur le moindre fragment de leurs reliques profanes ou saintes, pour que mon esprit puisse entrer en communion directe avec eux.

Lorsque je suis en lucidité et que l'on me présente des cheveux d'une personne morte, je pâlis et je sens dans le dos le souffle glacé de la mort; puis, ne me sentant mis en rapport avec l'esprit d'aucun être vivant, je conclus que la personne dont on vient de me remettre les cheveux a cessé d'exister, et qu'une terre froide et humide recouvre son cadavre; alors, au lieu de poursuivre son âme dans l'autre monde, ce qui me ferait entrer en extase, mais ce qui n'apporterait aucune certitude de la réalité de ma lucidité à mes consultants, impuissants à aller constater dans l'éternité la valeur des renseignements que je leur apporterais, j'ai recours à une des facultés que j'ai reconnues à l'âme isolée du corps, celle de pouvoir contempler le passé et de n'être pas plus limitée par les obstacles du temps que par ceux de l'espace ; je me reporte dans le passé à l'époque de la vie de la personne sur laquelle on désire fixer mon attention. C'est ainsi qu'il y a quelques jours, j'ai assisté, dans l'exaltation de la foi la plus ardente, à la mort héroïque de ce pauvre Gaston de Raousset-Boulbon, fusillé sur une terre étrangère par des soldats étrangers, et dans ce fait il n'y avait pas eu de transmission de pensée, car la personne qui m'avait remis cette lettre ignorait les détails de ce trépas courageux ; il y a certaine relique d'homme de génie et d'inspiration, dont le simple toucher suffit pour m'inspirer de leur esprit même et me faire participer à l'inspiration qui leur était particulière durant leur vie.

L'Église, qui a fait un dogme de la communion des saints, connaissait admirablement cette vérité de la communion des morts, et savait que l'esprit de sainteté qui avait animé les saints durant leur vie ici-bas, restant réellement présent en leurs reliques, se communiquerait à ceux qui les toucheraient avec foi, et leur inspirerait cet esprit de lumière et d'amour que les apôtres avaient reçu sous la forme de langue de feu, le jour où l'Esprit-Saint étant descendu en eux, avait mis sur leurs lèvres la parole qui prophétise, en leurs mains la vertu qui guérit les maladies du corps, en leur regard l'onction qui convertit, en leur cœur l'amour qui fait braver avec vaillance les tortures du martyre et se rire des ingénieuses cruautés inventées par la tyrannie en démence.

Je sais parfaitement que la science démontre géométriquement ce qu'elle enseigne, et qu'elle se refuse habituellement à reconnaître ce qu'elle ne peut concevoir, et surtout ce qui sape la base même de ses enseignements. C'est pour cela que nous avons tenu à donner une explication de ces phénomènes, afin que même les intelligences les moins versées dans l'étude de la science puissent comprendre et ne pas s'en effrayer. Nous avons, pour ainsi dire, établi une analogie entre ces phénomènes et ceux du télégraphe électrique, qui triomphe aussi de la distance et transmet avec une vitesse incalculable les nouvelles d'un continent à l'autre.

Tout homme qui désire faire pénétrer une idée, une croyance dans les masses, doit, pour réussir, l'appuyer sur des faits, car il est impossible de se refuser à croire ce qu'on a vu de ses yeux et touché de ses mains. Les académies nient la lucidité, se rient de la puissance que le sujet magnétisé prétend avoir d'être en communion d'esprit avec les vivants et les morts, et de pouvoir les contempler, les entendre et donner de leurs nouvelles à ceux qui leur portent affection ou intérêt. Mais les savants entasseront livre sur livre, ils ne dépersuaderont pas un homme doué d'un jugement solide, qu'une expérience aura convaincu de la réalité de ce phénomène.

Lorsque l'on vient apporter au monde une doctrine qui, semblable à celle de la communion des vivants et des morts, semble être le complet renversement de toutes les idées reçues, pour ne pas passer pour un fou, jouet des chimères du délire et de l'illusion de ses sens, il faut de toute nécessité appuyer sa parole par des faits. Si l'Évangile a porté la conviction dans tous les esprits, c'est que sa doctrine s'appuyait sur des faits miraculeux qui avaient eu lieu à la face de tout un peuple, et que les boiteux marchant, les aveugles voyant, les paralytiques se levant guéris, les sourds entendant, les muets parlant, c'était pour les masses une raison de croire en la divinité de Jésus-Christ, bien plus éloquente que toutes les démonstrations philosophiques.

Je répondrai franchement à une question que l'on se pose dans le public en ce moment, sur les

motifs qui m'ont déterminé à suspendre momentanément le cours de mes séances d'expérience. Ce n'est
pas la perte ou le déclin de ma lucidité, comme
l'envie s'est plu à le colporter, qui m'a fait prendre
cette détermination, car je n'ai jamais été plus clairvoyant que dans mes deux dernières séances.

Dans l'une, ayant lu dans une enveloppe cachetée
le procès-verbal d'une guérison opérée, à l'aide du
magnétisme, par M. Regazzoni, lequel, avant de
m'avoir vu, n'avait aucune foi dans la lucidité des
somnambules de France, et qui, maintenant, veut
bien proclamer, avec un enthousiasme et une bienveillance peut-être un peu exagérés, que je suis le
seul sujet lucide qu'il ait jamais rencontré à Paris.

Dans une autre, interrogé sur le contenu d'une
boîte fermée, je répondis qu'elle contenait des dents
arrachées à un cadavre par la personne même qui
me l'avait présentée ; on l'ouvrit, et tous les assistants purent constater la réalité de ma réponse. Le
spirituel caricaturiste Cham, m'ayant demandé de
qui il tenait l'épingle qu'il portait à sa cravate, je
lui répondis, d'un de vos amis tué en Crimée, et le
fait se trouva parfaitement vrai. Enfin, Nadaud, le
délicieux auteur de la musique et des paroles de tant
de charmantes chansons, m'ayant interrogé à son

tour, je lui écrivis le premier couplet d'une romance manuscrite qu'il venait de composer, et qui, n'étant connue que de lui, n'avait pas encore eu le temps, comme ses autres productions, de faire son tour de France et d'être dans le cœur, dans la mémoire et sur les lèvres de tous.

Seulement, si j'ai pendant quelque temps, interrompu le cours de mes expériences, c'est que si ma lucidité est considérablement accrue par la maladie dont je souffre actuellement, il faut avouer que ma sensibilité nerveuse l'est encore davantage : et, dans le somnambulisme pratique, l'on n'est pas seulement en rapport avec des consultants pleins de franchise et de bienveillance, mais encore avec des esprits revêches et quinteux qui agacent les nerfs et empêchent une maladie comme la mienne de se guérir jamais.

Dans le repos que je me suis prescrit à moi-même, au lieu d'épuiser ma lucidité en expériences frivoles et oiseuses, j'ai cru qu'il serait d'une grande importance pour la science magnétique d'en donner une explication qui mette à jamais cette faculté à l'abri des sots commentaires que les premiers présomptueux venus se croyaient en droit de faire sur son origine. Parmi ceux qui cultivent les hautes sciences dans le silence de leur cabinet, il s'en trouvera quelques-uns qui compareront mes réponses avec celles des auteurs de l'antiquité grecque et romaine qui ont abordé le même sujet que moi, et j'ai une ferme confiance qu'ils trouveront une grande analogie entre leurs réponses et les miennes.

Un livre laisse toujours une impression dans l'esprit de son auteur, car il y a toujours communion entre celui qui a écrit et celui qui lit; un bon livre est celui qui, œuvre d'un esprit élevé, au lieu de dégrader l'esprit du lecteur, par une mystérieuse sympathie l'élève au niveau de celui de l'auteur. Pour moi je désire que ces considérations, malgré leur caractère hardi, fassent, par une communion spirituelle, rayonner en tous ceux qui me liront, les clartés supérieures que mon âme, dégagée des liens serviles de la chair, a reçues, et qu'ils sentent vivre en leur cœur, éclairé par le souffle de lumière qui s'échappe de ces lignes, un sentiment de croyance à ces hautes verités que je viens de décrire.

X.

LE CARACTÈRE DU SOMNAMBULISME LUCIDE.

> Les facultés de la lucidité sont d'autant plus
> brillantes que l'âme est plus dégagée du corps.

Résolu, aussitôt que ma santé me le permettra, de reprendre le cours de mes expériences de somnambulisme magnétique, je suis intimement convaincu que rien ne peut être plus avantageux à ma réussite dans la production de ces phénomènes, que de faire connaître aux consultants la nature et le caractère de la lucidité. Bien que l'attention publique soit depuis longtemps fixée sur le magnétisme, cette science, reléguée dans le domaine de l'impossible et de la jonglerie par l'opinion publique, reste inconnue non-seulement de ceux qui la contestent, mais encore de ses plus fermes croyants.

On se plaît perpétuellement à opposer aux miracles de la lucidité somnambulique les prodiges de la prestidigitation. Ceux qui débitent gravement, de par le monde, de semblables futilités, ressemblent, selon moi, à cet insensé qui prétendait préférer porter plutôt des diamants faux que des diamants vrais, parce qu'il pouvait en porter de plus gros et que, par conséquent, ils faisaient plus d'effet et obtenaient plus de succès. Le siècle, qui ne se donne la peine de rien approfondir, a vu le somnambulisme, brillant météore, passer au-dessus de sa tête, il l'a considéré avec stupéfaction, puis, sans tâcher de remonter à sa source, il a continué le cours de ses rêveries, et son esprit est revenu à ses spéculations habituelles

Le grand caractère de la lucidité somnambulique est la variabilité : aussi, tandis qu'à tous les instants du jour et avec tous les spectateurs, un prestidigitateur réussira constamment, le somnambule, doué de la plus miraculeuse clairvoyance, ne sera pas lucide avec tous les consultants et à tous les instants du jour ; car la faculté de la lucidité étant une crise pénible et anormale, il y a des influences atmosphériques et des antipathies invincibles qui s'opposent à sa production, couvrent d'un bandeau les yeux du somnambule et l'empêchent de voir.

L'intuition, la clairvoyance, la lucidité sont des facultés que le somnambule tient de la nature de son tempérament et auxquelles un bien petit nombre a le bonheur d'arriver.

Jusqu'à ce jour la plume ayant toujours été tenue par la main des magnétiseurs, ils ont dénaturé complétement le caractère de la lucidité somnambulique, qui est une faculté innée, pour se l'attribuer et revendiquer la gloire de l'avoir créée et développée chez leurs sujets en les magnétisant. Leur prétention est trop ridicule pour être prise au sérieux, et ils savent parfaitement qu'ils n'ont pas plus créé la lucidité, que l'animal n'est l'auteur de la truffe que son museau déterre ; encore pour eux, c'est toujours le hasard qui les met en possession d'un somnambule lucide, et j'atteste qu'il n'existe pas, dans l'univers entiers, un magnétiseur qui puisse faire un somnambule lucide d'un sujet qui n'aurait pas cette faculté innée en lui.

Je tiens à être net, clair et positif sur cette question, car c'est la base même du somnambulisme ; et je tiens de plus à ce que le public soit instruit de certaine particularité que ceux qui avaient intérêt à lui tenir cachée lui ont prudemment dissimulée. La première, c'est que la science magnétique ne joue aucun rôle dans la production de la lucidité; bien des magnétiseurs apprennent à leurs élèves leur art sur un sujet lucide et chez lequel cette faculté se développe, par suite de l'habitude, avec une extrême rapidité; ceux-ci, enchantés et émerveillés des remarquables résultats qu'ils obtiennent aussi facilement que leur professeur, se croient très-puissants; malheureusement les déceptions ne tardent pas à arriver; les résultats qu'ils ont obtenus sur le sujet de leur maître en l'art magnétique, il leur est impossible, malgré leur ardeur, de les obtenir sur aucun des autres qu'ils soumettent à leur action magnétique.

Tous les somnambules sont sujets à l'erreur dans l'exercice de leur faculté, et de plus, il est impossible à un magnétiseur de développer en un sujet une faculté pour laquelle il n'aurait pas une prédisposition marquée.

Dans les phénomènes de la lucidité somnambulique, le rôle du magnétiseur devient secondaire, il peut cependant être d'une utilité très-grande en étudiant les facultés pour l'exercice desquelles le somnambule semble prédestiné, et en les lui faisant exercer de préférence aux autres.

Tout sujet magnétisé est redevable en partie à son magnétiseur des succès qu'il a obtenus; car si le magnétiseur ne peut pas donner la lucidité à un sujet qui ne l'a pas innée en lui, il peut la diriger avec sagacité, et surtout la mettre en lumière, en la protégeant contre tous les obstacles qui peuvent nuire à sa production, ou en la mettant dans les conditions les plus propices à sa réussite.

Tous les somnambules ne jouissant pas des mêmes facultés, on ne doit pas leur donner à tous la même direction; il y en a qui, étant uniquement sensitifs, sont seulement propres à ressentir sympathiquement le mal du consultant, à indiquer les remèdes qui peuvent le rendre à la santé. Le plus grand nombre des somnambules ne réussissent que dans la guérison des maladies; les magnétiseurs qui savent cette particularité et qui emploient ces sujets à un autre usage, manquent aux premières lois de la conscience et de l'honneur, car ils prennent l'argent du consultant, sachant parfaitement que leur somnambule est incapable de lui donner les renseignements pour la connaissance desquels il a payé.

La lucidité résume toutes les facultés; le sujet qui en est doué à un haut degré, connaît, voit et sent tout, et sa prudente sagesse égale la sagacité de son intelligence. Les signes qui caractérisent la lucidité et la différentie de la transmission de pensées, quoique très-nombreux, sont tellement particuliers, qu'il suffit de les énumérer pour qu'ils restent gravés dans la mémoire. Le premier caractère de la lucidité est de permettre aux sujets magnétisés de voir distinctement, les yeux fermés et même bandés, les objets qui leur sont présentés, avec l'épigastre ou l'extrémité des doigts. Le second, consiste à pénétrer les corps les plus opaques, à voir ce que contient une boîte fermée, à lire dans un livre non coupé qui leur est totalement inconnu, la page qu'on leur désigne, d'apercevoir les objets à travers un meuble ou un mur, comme si les parois de la muraille et du meuble étaient pour eux devenues transparentes comme une feuille de verre ; à se rendre en esprit dans tous les pays du monde, pour y entrer en communion avec les individus avec lesquels on les a mis en rapport, en sorte qu'ils peuvent en donner des nouvelles.

La lucidité a pour caractère la faculté que nous venons d'énumérer. Il est certain qu'avec d'aussi puissants moyens de se renseigner, le somnambule doit jouir d'une intelligence et d'une science aussi profonde que supérieure. Avant d'employer un som-

nambule à l'étude des questions philosophiques, il
est prudent de savoir s'il possède dans son sommeil
les facultés qui sont les caractères auxquels on reconnaît la lucidité, sans cela il sera à craindre qu'à
la place d'un voyant doué d'intuition et d'inspiration, on ne se serve tout simplement d'un rêveur,
qui débitera complaisamment les folies de son imagination.

Il est certain que l'âme, dans le somnambulisme,
étant imparfaitement dégagée de l'enveloppe terrestre qui la recouvre, il y aura toujours infiltration
de l'individualité qui distingue le somnambule dans
l'état de veille, et jusque dans ses réponses l'on sentira la nature, le caractère et l'esprit du sujet, qui
n'est pas tout à fait noyé dans le sommeil magnétique, la personnalité intellectuelle et morale qu'il a
dans les habitudes de sa vie et qu'il reprend tout
entière à l'instant de son réveil magnétique.

Je ne puis m'empêcher de mettre au nombre des
facultés qui caractérisent le somnambulisme lucide,
non-seulement la vision de ce qui est, mais encore
celle de ce qui a été et qui sera. Seulement la
lucidité, si sujette à l'erreur dans toutes ses manifestations, semble, pour s'élancer dans l'avenir,
perdre encore de sa constance. Aussi bien que j'ai

plusieurs faits qui annoncent la possibilité de la vue dans l'avenir, je crois qu'il serait excessivement dangereux d'attacher une trop haute importance à la parole d'un somnambule, sur un fait futur, car très-souvent l'événement ne vient pas confirmer l'affirmation du somnambule, et la déception est d'autant plus vive que l'espérance a été plus forte.

Dans l'état actuel de la société, le somnambulisme non-seulement n'a pas de place assignée, mais encore est proscrit. Le jour où ses phénomènes seront publiquement reconnus, sa mission et son rôle sont très-faciles à prévoir. On ne transformera pas les somnambules en oracles chargés de prophétiser l'avenir, mais on rendra le plus publiques possible les expériences de lucidité, et la philosophie, dépouillée de ses préjugés, expliquera l'homme, le monde et toutes les grandes vérités qu'elle a le devoir de faire connaître aux hommes. Mais, pour rendre ces vérités visibles et intelligibles, elle les démontrera par les expériences de lucidité somnambulique, qui sont bien réellement des expériences de métaphysique amusante.

Le somnambule, cet être frêle, délicat, nerveux, au lieu d'être plus ou moins repoussé comme un être en dehors des idées reçues, sera considéré et estimé de tous; on le consultera dans les maladies où la science se trouve hésitante et embarrassée ; on aura recours à sa lucidité dans toutes les circonstances difficiles de la vie : il sera docteur, conseil et philosophe. Mais pour que les somnambules parviennent à triompher des intérêts et des préjugés coalisés contre eux, et qui les repoussent avec haine et acharnement, il faut qu'ils séduisent tous les esprits par la réalité miraculeuse de phénomènes publiquement opérés en état de lucidité.

Ce livre est plus avancé que tous les livres qui ont paru sur cette matière. Le plus grand nombre des idées qui y sont contenues n'ont jamais encore été formulées. Les magnétiseurs, adonnés à l'étude de cette science par amour de l'art, lui seront éminemment sympathiques ; ceux, au contraire, qui ne s'y livrent que dans un but d'intérêt pécuniaire, seront singulièrement furieux de ce que nous avons rendu leur métier difficile, en donnant avec vérité, loyauté et franchise, les caractères auxquels on reconnaît la lucidité somnambulique ; d'autres se croiront désignés en lisant les procédés coupables des charlatans dont j'ai flétri l'indélicatesse.

Dans tous les faits que je vais citer, j'ai observé la plus scrupuleuse délicatesse. Je me suis appliqué à en avoir au moins un, comme démonstration de chacune des vérités contenues dans la partie théorique de ce volume. J'ai apporté un grand soin à ce que les témoins des faits que je relate soient non-seulement des hommes d'une intelligence distinguée, mais que les expériences dont ils ont été les témoins offrent comme récit un intérêt digne de plaire et de charmer l'attention du public. J'aurais, il est vrai, pu en produire un bien plus grand nombre, mais j'ai tenu à ne pas donner des expériences qui pussent avoir dû leur brillante réussite au hasard.

XI.

FAITS MIRACULEUX DE LUCIDITÉ SOMNAMBULIQUE.

> Rien n'est brutalement concluant comme un fait.
>
> BROUSSAIS.

Il y a quelques années, Madame Celleron, épouse du propriétaire des *Villes de France*, rue Vivienne, perdit sa montre à Neuilly. Présumant qu'elle pouvait l'avoir laissée dans la voiture qui l'y avait conduite, elle se rendit chez Alexis pour avoir quelques renseignements sur le cocher de cette voiture; mais dès qu'elle fut en rapport avec le somnambule, celui-ci lui dit que sa montre avait été trouvée par un militaire... Attendez, ajouta-t-il, que je lise quel numéro est sur son shako... c'est 57, ce soldat est en garnison à Courbevoie et se nomme Vincent. Comme on le pense, Madame Colleron se hâta d'aller à Courbevoie, et s'adressa à M. Othenin, qui faisait les

8.

fonctions de chef de bataillon ; celui-ci ordonna une inspection générale de l'équipement. Au même moment, un soldat sortit des rangs et vint présenter la montre qu'il avait trouvée près du pont de Neuilly, ajoutant que son service l'avait empêché de faire les démarches nécessaires pour retrouver le propriétaire ; sur l'interpellation de l'officier, il répondit se nommer Vincent !

En février 1850, une dame anglaise, ancienne élève du célèbre pianiste Chopin, le sachant malade et soupçonnant qu'il était dans un embarras financier, lui avait envoyé, par la poste, une banknote de 250 fr. Quelques mois après, étant venue à Paris, elle s'empressa de rendre visite à son illustre maître, et lui demanda si la lettre et la somme lui étaient parvenues. Sur la réponse négative de l'artiste, cette dame se rendit, accompagnée du comte de Grisimola, chez Alexis qui lui dit que la lettre et l'effet se trouvaient au domicile de la portière de M. Chopin, dans le tiroir de la commode qu'il indiqua. On s'empressa de s'assurer du fait qui fut reconnu exact. Cette lettre avait été reçue, en l'absence de la portière, par une ouvrière qui l'avait placée dans le tiroir et qui avait oublié de le dire à cette dernière.

Il y a quelques mois, une marchande de modes de la rue Neuve-des-Mathurins, n° 5, ayant perdu un chien de prix auquel elle tenait beaucoup, vint chez Alexis pour savoir s'il ne pourrait la mettre sur les traces de l'animal. Alexis engagea cette dame à aller de suite à l'embarcadère du chemin de fer de Saint-Germain, où elle retrouverait son chien qu'un individu allait y vendre. Elle se rendit au lieu indiqué, et ne voyant rien de ce qu'elle cherchait, elle revint chez Alexis pour se plaindre du faux renseignement qu'il lui avait donné ; vous avez raison, Madame, dit-il, je me suis trop hâté, j'ai annoncé comme se passant en ce moment même, un fait qui va s'accomplir dans peu d'instants ; retournez d'où vous venez, et votre démarche sera couronnée de succès. Cette fois, Alexis avait été parfaitement servi par sa clairvoyance ; sa pensée avait été plus prompte que la démarche du vendeur.

———

PHÉNOMÈNES DE SECONDE VUE.

Le fils de M. Prélat, armurier, rue Saint-Honoré, devait subir une amputation reconnue nécessaire, *indispensable*, par tous les docteurs consultés, au sujet d'une tumeur à un genou ; tout était prêt pour

l'opération avec M. le docteur Velpeau, quand
madame Prélat, en désespoir de cause, vint consulter
Alexis, qui non-seulement s'opposa de toute son
énergie à l'opération, mais encore guérit l'enfant,
qui lui doit la conservation de tous ses membres.

Dans le courant de l'année 1847, M. Marcillet et
Alexis étaient demandés à Versailles pour y donner
des séances somnambuliques devant un nombreux
auditoire.

Un jour donc, jour d'affluence, ils eurent la faveur
de compter au nombre des assistants M. Bataille,
docteur aussi savant que modeste, qui remit lui-
même à Alexis un paquet cacheté, le priant de dire
ce qu'il contenait.

— Une lettre de votre fils, répond Alexis.

— C'est vrai.

— Voulez-vous que je vous donne la description
de son appartement à... à Granville?

— J'en serais ravi.

— Attendez; j'ai quelque chose de plus important
à vous dire au sujet de votre fils !..

— De quoi s'agit-il donc?

— Il s'agit... il s'agit.. que votre fils est très-
malade en ce moment.

— C'est étrange ! s'écria le docteur, la lettre qu

vous avez entre les mains est écrite par lui, il y a à peine quatre jours, et à cette époque sa santé était parfaite.

— Demain vous recevrez une autre lettre qui vous dira le contraire ; votre fils est au lit et je vous conseille même de partir pour Granville aussitôt que vous aurez reçu cette lettre ; connaissant seul le tempérament de votre enfant, il pourrait succomber s'il n'est traité par vous.

Le lendemain, la lettre annoncée par Alexis arriva ;... le docteur Bataille partit pour Granville, et ce ne fut qu'après quinze jours partagés entre les craintes les plus fondées et les soins les plus assidus, que son fils fut rendu à la santé.

— Qui ne se souvient d'avoir lu dans les journaux, l'année dernière, le récit de la disparition mystérieuse d'une petite fille appartenant à une mercière de la rue Saint—Georges ? On se figure, sans peine, les angoisses de cette pauvre mère, implorant vainement le retour de son enfant. Après les plus actives recherches et des démarches réitérées sans succès des autorités, cette pauvre femme vint trouver M. Marcillet, et lui raconta, en sanglotant, les motifs de ses chagrins ; sa douleur était si vive, qu'il était impossible d'apaiser son émotion ; et, pour comble d'infortune, Alexis était absent ; la remettre au lendemain, eût été de la barbarie !... Dans cette alternative, M. Marcillet, qui est l'homme de l'initiative avant tout, lui proposa de l'endormir elle-même. Ce qu'elle accepta. Il fut assez heureux pour obtenir des résultats somnambuliques au bout d'un quart d'heure.

Les sensations qu'éprouvait cette pauvre femme, dans cet état si nouveau pour elle, seraient difficiles à décrire, mais rien ne saurait rendre l'extase et le ravissement qui brillaient sur ses traits ; elle agitait convulsivement les bras et semblait presser un objet contre sa poitrine... elle le couvrait mentalement de baisers, et tout son être paraissait dominé par l'influence d'un bonheur sans mélange ! Tout à coup elle s'écria :

—Je la tiens ! C'est elle ! c'est ma fille !... Elle n'a manqué de rien depuis son absence !

Voulant profiter de cette heureuse disposition, M. Marcillet l'interrompit pour lui faire désigner le lieu où se trouvait sa fille :

— Oh ! laissez—moi la serrer contre mon cœur... On me l'enlèverait sans doute encore, si je m'en séparais !...

M. Marcillet comprit que la singularité de sa position l'empêchait d'en dire davantage. La fatigue l'avait épuisée ; ce n'est pas d'ailleurs d'un seul coup que se révèlent ordinairement les facultés somnambuliques ; ces heureuses dispositions arrivent lentement et par gradation, et c'est avec les ménagements les plus scrupuleux que l'on doit procéder... Force fut donc de réveiller cette pauvre mère, lui annonçant que ce ne serait qu'après plusieurs magnétisations que l'on réussirait.

Le lendemain, il l'endormit de nouveau ; ses idées étaient plus claires, mais elle ne put encore préciser. Alexis survint et fit le reste.

— Dans cinq jours, lui dit-il, votre fille vous sera rendue... et la fin du cinquième jour n'était pas expirée que son enfant, cause involontaire de ses poignantes douleurs, lui était ramenée !

Le chef de la gare du chemin de fer de Paris au Havre, M. Sabine, avait fait toutes les recherches imaginables sur la ligne desservie par ses soins, pour retrouver un article qui avait manqué à un voyageur, à son arrivée au Havre. Ne sachant plus que faire, il vint consulter Alexis.

— C'est pour un panier perdu que vous venez me voir, lui dit Alexis, ce panier contient des petits animaux vivants.

— C'est vrai...

— Le voyageur à qui ce panier appartient en avait un autre semblable...

— C'est encore vrai...

— Ce sont des sangsues qu'il contient...

— Vous avez raison...

— Le propriétaire réclame, pour cette perte, près de deux mille francs, et votre administration est sur le point de payer cette somme; mais patience, nous allons retrouver ce panier, car je le vois à Rouen.... sous le grand hangar.... en entrant... à droite... le long du mur... sous la première fenêtre...

— Mais cela me semble impossible, répliqua M. Sabine; les hangars et magasins ont été minutieusement visités dans cette ville, et le panier ne s'y est pas trouvé.

-- Ce n'est pas étonnant, dit Alexis, en voici la cause : à l'arrivée du convoi à Rouen, il a été placé, par erreur, sur une des voitures conduisant les bagages des voyageurs... et le conducteur de l'omnibus sur lequel était ce colis, fut fort étonné de le retrouver après avoir fait la livraison des bagages. Craignant une réprimande de la part de ses chefs, il le déposa provisoirement dans une écurie... et hier, seulement, il trouva le moyen de le placer à l'endroit que je viens de vous indiquer,

Bien que M. Sabine doutât de la narration d'Alexis, pour l'acquit de sa conscience il partit immédiatement pour Rouen, et trouva le panier à la place même qu'Alexis lui avait désignée !...

Faut-il raconter maintenant la singulière histoire arrivée l'année dernière à madame Lambert, attachée au service de M. le comte de Talleyrand. Cette femme se préparait pour quitter la campagne de Verneuil, et rentrer avec son maître à Paris, lorsqu'elle eut la malheureuse idée de placer un sac contenant 1,040 fr. sous le traversin de son lit, deux heures avant son départ. Au moment de se mettre en route, qu'on juge de son désappointement en ne retrouvant plus son sac !... Arrivée à Paris quelqu'un lui conseilla de venir consulter Alexis, ce qu'elle fit.

— Votre sac vous a été effectivement volé, dit Alexis, mais le voleur va être bien attrapé ! il doit attendre une quinzaine de jours pour retirer l'argent du lieu où je vois qu'il vient de le cacher, attendant que le premier moment de votre réclamation soit un peu amorti !!! Partez donc immédiatement et cherchez dans un placard... qui se trouve dans une petite chambre située au-dessus de la sellerie... sous

9

les débris d'une glace cassée... C'est en cet endroit que vous retrouverez votre sac !...

Madame Lambert étant partie pour Verneuil, non sans avoir eu à essuyer le rire moqueur de M. le comte de Talleyrand, qui avait ajouté peu de foi aux renseignements d'Alexis; mais que l'on juge de sa stupéfaction lorsque, le lendemain, il la vit rentrer à l'hôtel, tenant à la main son sac qu'elle retrouva au lieu même qu'Alexis lui avait désigné !...

Un fait aussi singulier est arrivé également à madame Lallemand, 24, rue des Jeûneurs, qui eut avec Alexis le colloque suivant :

— Pourriez-vous me dire, Alexis, ce qui m'amène auprès de vous?

— Vous venez, Madame, pour savoir ce qu'est devenu un paquet de broderies disparu de chez vous et dont la valeur dépasse 1,800 fr.

— Précisément.

— Vous êtes bien heureuse, car la personne qui l'a dérobé, craignant d'être découverte en le vendant ou en l'engageant au Mont-de-Piété, vient de le remettre dans le carton où il était primitivement, depuis que vous êtes ici... Rentrez dans votre domicile de suite et vous allez le retrouver...

Une demi-heure ne s'était pas écoulée, que madame Lallemand était de retour chez M. Marcillet et lui présentait le paquet de broderies, qu'elle retrouva, comme Alexis l'avait annoncé.

———

Voici des faits qui sont destinés à démontrer la réalité de la communion des vivants et des morts :

Il y a neuf ans environ, le duc de Montpensier fit prier M. Marcillet de conduire Alexis chez la reine Christine, sa belle-mère.

« Pourriez-vous me suivre par la pensée? demanda le prince à Alexis.

— Je vous suis... Je me trouve en ce moment dans un appartement que vous avez habité... c'est sur une hauteur... au-dessous de moi j'aperçois une ville... plus loin, une grande rivière... de l'autre côté, une montagne; et derrière, bien loin... au fond... les pyramides d'Égypte... C'est au Caire que vous m'avez conduit.

— C'est prodigieux! Tout ce que vous m'avez dit est de la plus exacte vérité. Écoutez! j'ai placé dans le coffret qui est là, près de vous, et dont la clef est dans ma poche, un objet dont seul je connais la nature. Pouvez-vous me dire quel est cet objet?

— Très-facilement!... L'objet est rond... il est rouge! C'est... un œuf en sucre. Il renferme lui-même d'autres petits objets, également sucrés.

— Voilà ee que j'ignorais.

— Ces petits objets sont... des bonbons anisés. »

On brisa l'œuf, et il en sortit les bonbons annoncés, qui furent croqués et trouvés parfaitement sucrés, pour le plus grand triomphe du magnétisme.

La reine Christine, que l'expérience précédente avait ébranlée, mais non convaincue, voulut à son tour interroger le somnambule ; elle conduisit Alexis à Madrid, et Alexis, après avoir décrit l'intérieur des appartements, la forme et l'emplacement des meubles, détailla ce que renfermait une cassette en bois de rose, qui avait été longtemps à l'usage de la régente.

Le bruit de ces choses merveilleuses vint aux oreilles de Narvaez, qui, lui aussi, fit venir Alexis et M. Marcillet. Le général, bien qu'esprit fort, se contenta de faire lire Alexis dans quelques livres complétement fermés, et dans d'autres qui se trouvaient ouverts sur des meubles éloignés du somnambule. Mais il se garda bien de le consulter sur les affaires de la Péninsule.

Le docteur Fouquier se trouvait présent à cette séance.

« Alexis, dit le docteur, pouvez-vous vous transporter mentalement dans le cabinet où je me transporte moi-même par la pensée en ce moment?

— J'y suis... attendez un moment... Bien! m'y voilà tout à fait. Vous désirez que j'aille prendre un portefeuille...

— Oui...

— Qui est dans votre secrétaire?

— Précisément.

— Puis que je regarde un portrait qui s'y trouve?

— C'est cela même.

— Je vois ce portrait... c'est un pastel... fait depuis environ quinze ans; il représente une femme. . Cette dame a pris de l'embonpoint depuis l'époque où elle a été peinte... Mais elle est ici! je vais vous la présenter. »

Alexis, prenant la main de toutes les dames, présenta et nomma madame de Ménars, qui était bien la personne dont le pastel avait reproduit les traits il y a quinze ans.

« Puisque vous avez été si clairvoyant, dit madame de Ménars émerveillée et ne doutant plus de la puissance extraordinaire de pérégrination mentale d'Alexis, pourriez-vous aller chez moi et me décrire un objet qui m'est très-précieux?

— Oui, Madame, c'est une croix en or... Cette croix vient de votre mère, qui la tenait elle-même de sa mère... Il y a bien longtemps que cette relique se transmet ainsi dans votre famille.. quatre générations. La première personne qui l'a possédée la tenait d'un grand personnage mort assassiné il y a plus de deux cents ans.

— Pourriez-vous nommer ce personnage?

— Je le crois... c'est... c'est... »

Ici le somnambule prit un crayon et écrivit : Henri IV.

La croix avait effectivement été donnée par le Béarnais à une des ancêtres de madame de Ménars.

Madame la comtesse de Modène voulut à son tour consulter le sujet, qui commençait à rendre très-sérieux les sceptiques railleurs venus dans l'intention de faire des gorges chaudes.

« Alexis, demanda-t-elle, que contient cette boîte que j'ai à la main?

— Des cheveux.

— De quelle couleur?

— Des cheveux blonds.... Ils viennent d'une femme...

— Où est cette femme ?

— Elle n'est plus sur terre... depuis longtemps... bien longtemps.

— Pourriez-vous nous dire son nom ?

— Oui. C'est... Agnès Sorel. »

Le procès-verbal constatant l'identité de cette mèche de cheveux était déposé dans le double fond de la boîte qui les renfermait.

A quelques jours de là, M. le comte de Broyes, qui se trouvait à une séance d'Alexis, lui demanda ce qu'il tenait renfermé dans sa main.

« C'est un linge ensanglanté, répondit Alexis.

— D'où provient ce sang ?

— D'un grand personnage assassiné il y a plus de vingt-cinq ans... C'est le sang du duc de Berry. »

Le comte de Broyes resta confondu. Il était garde-du-corps lors de l'assassinat du duc de Berry, et, se trouvant de service le jour de la mort du prince, il avait ramassé auprès du lit de l'agonisant une bandelette sanglante, qu'il avait précieusement conservée.

M. Séguier fils, qui, en sa qualité de profès ès-sciences exactes, donne difficilement dans le merveilleux, ne prenant pas pour articles de foi tout ce que les sectateurs timides de Mesmer se racontaient tout bas, n'osant le raconter tout haut de peur d'être claquemurés à Charenton, M. Séguier fils se rendit incognito chez Alexis.

« Où étais-je de midi à deux heures? demanda-t-il.

— Dans votre cabinet... Il est très-encombré de papiers... de rouleaux... de dessins... de petites machines... Il y a une jolie sonnette sur votre bureau.

— Vous vous trompez, je n'ai pas de sonnette.

— Je ne me trompe pas, vous en avez une... Je la vois... à la gauche de l'écritoire... sur le bureau.

— Parbleu! je veux en avoir le cœur net. »

M. Séguier courut chez lui, et trouva sur son bureau une sonnette que madame Séguier y avait déposée dans l'après-midi.

Enfin, M. le comte de Saint-Aulaire, un diplomate, doit être classé, lui aussi, parmi les adeptes d'Alexis. Après avoir longtemps traité le magnétisme de billevesées, le noble comte a fini par donner la réplique aux magnétiseurs. Il avait écrit, avant l'arrivée d'Alexis, quatre mots sur une feuille de papier et renfermé cette feuille dans une épaisse enveloppe solidement et diplomatiquement cachetée et scellée.

« Qu'est-ce qu'il y a sous ce pli, Alexis? demanda l'ambassadeur.

— Il y a un papier ployé en quatre.

— Et sur ce papier?

— Une demi-ligne d'écriture.

— Pouvez-vous la lire? .

— Certainement. Et, quand je l'aurai lue, vous vous rétracterez de ce que vous avez écrit.

— Je ne crois pas.

— J'en suis sûr.

— Si vous y parvenez, je vous promets de croire désormais tout ce que vous voudrez.

— Alors, croyez dès à présent, car vous avez écrit : *Je ne crois pas.* »

———

Cette série de faits que nous allons donner, rentre dans les phénomènes opérés par la vue à distance.

M. Ferrand, marchand quincaillier à Antibes, ayant trouvé dernièrement dans sa propriété une pièce de monnaie en argent frappée du temps des Romains, l'envoya à ses correspondants de Paris, MM. Deneux et Gronnot aîné, commissionnaires en quincaillerie, 18, rue du Grand-Chantier, en les priant d'aller avec cette pièce chez le magnétiseur Marcillet pour consulter Alexis à ce sujet. Ce dernier, une fois passé à l'état somnambulique, leur dit qu'il voyait chez M: Ferrand, à Antibes, une petite urne enfouie dans quelques pieds en terre.... renfermant une assez grande quantité de ces mêmes pièces..... mais qu'il lui faudrait le plan de la propriété, afin de mieux désigner le lieu où ce petit trésor avait été enterré. Le plan ayant été envoyé par M. Ferrand à ses correspondants, puis communiqué ensuite par eux à Alexis, il leur indiqua, en faisant une marque au crayon, l'endroit où l'on devait creuser. Les instructions du somnambule ayant été suivies, l'urne indiquée par lui fut trouvée..... Elle contenait trois kilogrammes cinq cents grammes de pièces de monnaie en argent semblables à celle qui lui avait été remise précédemment.

Voici un nouveau fait de clairvoyance magnétique, accompagné de circonstances remarquables.

Mme D..., propriétaire, 15, rue de Grammont, se rendit dernièrement chez le magnétiseur Marcillet, accompagnée de sa concierge, pour y consulter Alexis. Le rapport magnétique établi, le somnambule dit aussitôt à cette dernière qu'elle venait pour savoir ce qu'était devenue une somme de 1,000 francs lui manquant, à la suite de divers paiements faits par ordre de sa propriétaire ; ce qui était vrai.

Alexis, se tournant alors du côté de Mme D..., « Et vous, Madame, lui dit-il, vous pensez que cet argent a pu être dérobé par les parents de votre concierge qui ont logé chez elle, ces jours derniers. Détrompez-vous, ce sont de braves gens.

— En ce cas, répondit Mme D..., comment se fait-il que ces 1,000 francs ne se trouvent plus?

— Cette somme devait faire partie d'un groupe de 40,000 francs en or, répliqua Alexis. Ce fut un banquier de Turin, nommé Caccia, qui l'adressa d'abord à un prêtre de vos amis, et vous teniez cette somme de ce dernier, qui vous pria d'en faire faire la répartition aux personnes qu'il vous indiquait. Vous avez écrit au banquier de Turin, relativement à cette somme; mais la réponse qui vous a été faite n'a pas été favorable, le caissier n'ayant pas fait de vérification suffisante.

Il faut lui écrire de nouveau; dites-lui que j'affirme que les 1,000 francs, faisant l'objet de votre réclamation, ont été envoyés en moins par sa maison... qu'il peut s'en assurer immédiatement en faisant faire une sérieuse vérification de sa caisse et de ses livres. »

Mme D..... suivit les instructions d'Alexis dans la nouvelle lettre qu'elle écrivit à M. Caccia, et reçut bientôt de ce dernier, non-seulement les 1,000 francs, retrouvés à sa caisse, mais encore une lettre d'excuses pour l'erreur commise dans ses bureaux.

Il y a trois ans, un changeur du quartier Vendôme, après avoir escompté des valeurs assez considérables à un monsieur aux manières aristocratiques, s'aperçut, après son départ, qu'il lui avait rendu en plus la somme de 400 francs. Comme on dut le penser, cette erreur n'était pas faite pour l'occuper agréablement, et, pendant qu'il songeait aux moyens à employer pour découvrir ce débiteur improvisé si subitement, il remarqua sur son comptoir le papier ayant servi d'enveloppe aux fonds reçus en échange des siens ; sur ce papier se trouvait un fragment de cachet qui, par sa forme, lui parut appartenir à un étranger ; dès lors, il visita toutes les ambassades dans l'espoir d'en retrouver le propriétaire ; mais toutes ses recherches ayant

été infructueuses, il rentra chez lui entièrement dé-
couragé.

La dame du changeur, de son côté, avait réflé-
chi aussi, et, comme en plusieurs circonstances, elle
avait employé avec succès la clairvoyance du somnambule Alexis, elle se rendit chez son magnétiseur, M. Marcillet, emportant avec elle la seule
ancre de salut leur restant, le bienheureux chiffon
de papier. Alexis, une fois passé dans l'état som-
nabulique, porta à son front, puis à son épigastre,
le singulier talisman qu'elle lui remit, et s'exprima
ainsi :

« Ce papier me met en communication avec un
homme grand... ayant de fortes moustaches... il est
Russe... de plus, est attaché à la personne de l'empereur, en qualité d'aide de camp... Tiens, je vois
sa demeure à Paris ; en se plaçant sur la place de la
Madeleine, derrière l'Eglise, à gauche, on l'aperçoit... » — J'en sais assez, Alexis, répondit la dame
du changeur, et elle partit.

Rentrée chez elle, son mari s'occupait d'es-
compte, justement avec un employé de l'ambassade
de Russie ; elle leur raconta les révélations du somnambule ; ils s'en amusèrent beaucoup et la plai-
santèrent également sur sa crédulité ; néanmoins

l'employé de l'ambassade, connaissant en partie l'adresse des Russes domiciliés à Paris, offrit son concours au changeur pour l'aider à retrouver l'homme si ardemment désiré.

S'étant alors rendus à l'ambassade de Russie, ils apprirent qu'un aide de camp de l'empereur, M. le comte de B..... était en ce moment à Paris, et qu'il habitait le n° 35 de la rue de la Madeleine; s'y transportant aussitôt, ils remarquèrent que la maison portant ce numéro se trouvait justement en face de la rue Chauveau-Lagarde, qui aboutit à la place de la Madeleine; ils pensèrent plus sérieusement alors aux paroles d'Alexis, en voyant que de cette place on apercevait parfaitement l'habitation de l'aide de camp.

Le changeur monta donc chez lui; mais, ô déception ! il ne le reconnut pas pour celui qu'il cherchait avec tant de sollicitude... lorsque M. le comte de B..... lui dit à son tour : « Moi, je vous connais bien; vous êtes le changeur chez lequel je fus ce matin. » Puis, au même instant, s'approchant de lui en souriant, il retira de dessus sa tête une énorme perruque de chambre que bien des Russes ont l'habitude de porter.

Le changeur resta stupéfait, en se trouvant face

à face avec son débiteur! L'affaire fut bientôt expliquée, et, comme le noble étranger n'avait pas encore touché à son argent, ils le comptèrent ensemble. La somme de 400 francs s'y étant effectivement trouvée en trop, elle fut remise immédiatement au changeur.

Les journaux rapportaient, il y a quelque temps, qu'un ouvrier, en traversant le passage Jouffroy, avait trouvé une somme importante en billets de banque, etc., etc.

Nous allons donner à nos lecteurs le détail de cette aventure singulière, où le somnambulisme n'est pas étranger.

M. le comte de Villa-Franca est un partisan zélé du somnambulisme; aussi, dans ses moments de loisir, vient-il visiter Alexis. Dernièrement, s'étant donc rendu auprès de ce somnambule, après avoir fait arrêter le remise qui le conduit habituellement en face du passage Jouffroy, du côté du boulevard, il prit ce passage pour se rendre chez le magnétiseur d'Alexis; arrivé au domicile de ce dernier, il s'aperçut qu'il avait perdu une somme de 900 francs en neuf billets de banque de 100 francs chacun, et raconta cette particularité à M. Marcillet, qui lui fit espérer qu'Alexis les lui retrouverait. Après avoir pris la consultation pour laquelle il était venu, M. le comte de Villa-Franca dit à Alexis : « Si vous n'êtes pas trop fatigué, dites-moi donc si je pourrais retrouver les 900 francs que j'ai perdus, dans le trajet de la rue de la Paix ici, à la suite de divers achats que j'ai faits en route.

— Rien ne vous sera plus facile, lui répondit Alexis ; vous n'aurez qu'à dire à votre cocher, que vous avez perdu 900 *francs en billets de banque*, et aussitôt il vous les fera retrouver. »

M. le comte de Villa-Franca fut assez intrigué de la réponse toute singulière et laconique d'Alexis, et regagna sa voiture, étrangement surpris de trouver à la place de son cocher un individu qu'il ne connaissait pas. Cette circonstance lui suggéra bientôt des pensées peu en harmonie avec les paroles d'Alexis, malgré sa foi robuste dans le somnambulisme. Interrogeant aussitôt cet homme, ce dernier lui apprit, qu'étant de la même maison que son cocher, il passait en cet endroit, lorsque son camarade le pria de conduire sa voiture le reste de la journée, ayant quelques affaires à terminer en ville. Ce ne fut pas sans anxiété que M. le comte de Villa-Franca attendit la fin du jour pour rejoindre son cocher, que, par fatalité encore, il ne put retrouver que le lendemain matin à son écurie, occupé à panser ses chevaux, pour le conduire, comme de coutume. L'ayant abordé en suivant les instructions d'Alexis, son cocher lui répondit : « Comment, monsieur le comte, c'est vous qui avez perdu hier 900 francs en billets de banque? — Mais oui, mon ami. — En ce cas, venez avec moi, et je vais vous les faire rendre. »

Ce qui s'était passé, le voici : le cocher, après s'être fait remplacer, avait traversé le passage Jouffroy, comme venait de le faire son maître, et avait été témoin de la scène assez curieuse que nous allons raconter.

M. Morel, horloger, demeurant au n° 9, dans ce même passage, ayant remarqué qu'un monsieur assez bien mis tenait un billet de banque, qu'il regardait attentivement et comme surpris de l'avoir en sa possession, s'approcha aussitôt de lui, et lui dit : « Ce n'est pas à vous ce billet? — Ma foi non répondit cette personne ; je viens de le ramasser à quelques pas d'ici. » Ce dernier, pensant alors, au ton d'assurance de M. Morel, qu'il en était le propriétaire, le lui remit aussitôt et disparut. Au même instant, M. Morel se souvint qu'il venait de voir passer un homme qui lui avait paru être un ouvrier,

tenant également une poignée de billets semblables
à celui qui venait de lui rester si singulièrement ; il
courut après lui, et l'atteignit sur le boulevard. Lui
ayant adressé la même question, même réponse lui
fut faite ; seulement l'ouvrier ajouta : « Je ne sais
pas lire et je ne sais pas ce que j'ai trouvé. » M. Morel, lui ayant appris qu'il avait en mains huit billets
de 100 fr. chacun, il l'engagea à venir avec lui
chez le commissaire de police du quartier de la
Bourse, afin d'y porter les 900 fr., pour que ce magistrat pût faire les démarches nécessaires afin de
retrouver le propriétaire de cette somme.

On devine le reste ; le cocher, instruit de cette
particularité, conduisit M. le comte de Villa-Franca
chez M. Morel, où bientôt tout fut expliqué. On se
rendit ensuite chez le commissaire de police qui
restitua les 900 francs à qui de droit, et M. le comte
de Villa-Franca, plus fervent apôtre du somnambulisme que jamais, ne cesse de répéter à qui veut
l'entendre qu'Alexis lui avait dit vrai !

Nous extrayons ce fait du spirituel ouvrage de
M. de Mériclet, intitulé : *La Bourse*, dont les édi-
tions s'épuisent avec une prodigieuse rapidité :

Dans le vaudeville de la *Vie en rose*, le comte de
Presles s'écrie : « Le doute est le commencement de
la sagesse. Ceci n'est pas de moi. C'est d'Aristote. »
À propos de somnambulisme, il y a quelque chose
de vrai à croire, mais il est prudent de suivre le
système du comte de Presles et de mettre en doute
sa vertu magique : ne pas le rejeter tout à fait, mais
ne pas avoir en lui une trop grande confiance. Qu'il
me soit permis, à ce sujet, de raconter une histoire
simple et vraie, bien connue des gens de Bourse.

M. le marquis de C** mourut en 1852 ; il laissa sa
veuve héritière d'une belle fortune. Mme la marquise
était une femme du monde ; elle recevait un jour de
la semaine, le jeudi ; elle donnait un dîner de douze
couverts et le soir grande réception Elle m'écrivit
un jour un petit billet pour me prier de passer chez
elle, le jeudi à huit heures du soir. J'arrivai à
l'heure indiquée ; les appartements étaient splen-
dides de lumières ; on se levait de table, les convi-
ves entraient au salon ; j'ignorais cette réunion.
J'allais me retirer, lorsqu'elle vint me prendre par

la main et me conduisit dans son boudoir. Là, elle me dit : « Mon cher monsieur, permettez-moi de vous expliquer en deux mots ma position. Mon mari m'a laissé en mourant toute sa fortune, qui s'élevait à 700,000 fr. ; elle était en rentes sur l'État, en actions de la Banque de France et du chemin de fer d'Orléans. Je l'ai si maladroitement administrée que j'éprouve des craintes mortelles sur ma situation. On m'a dit que vous étiez un homme de bon conseil et très-capable ; ayez donc la bonté de me répondre sincèrement ce que j'ai à craindre ou à espérer. » Je lui dis qu'elle pouvait compter sur la plus entière franchise de ma part. Elle continua :

« J'ai de nombreux amis dans les salons de Paris, j'ai cédé au souffle de l'influence, prêté l'oreille à de mauvais conseils. Dans l'intention de doubler mes revenus, j'ai vendu mes actions de la Banque et mes actions d'Orléans, et je les ai remplacées par les valeurs que voici. » Elle tira de son secrétaire un portefeuille et me montra une liasse énorme d'actions de toutes les couleurs, qu'elle avait achetées en remplacement de ses rentes. C'étaient des actions des Herseranges, des filatures rouennaises, des Mouzaïa, des glaces d'Aix, des caisses Leroy de Chabrol et une foule d'autres actions qui, depuis l'acquisition, avaient baissé de 50 à 70 p. 100. J'eus la patience de faire une estimation approximative de toutes ces actions, et je m'aperçus que cette fortune de 700,000 fr., aux prix actuels, produisait à peine 250,000 fr. Je n'avais aucune raison de mettre beaucoup de ménagements à lui cacher la vérité. Je montrai mon addition, et lui dis : « C'est à peu de chose près le chiffre que vous pourrez obtenir. » Elle pâlit et parut en proie à une extrême émotion. « Mais, Monsieur, me répondit-elle, en conservant ces actions, j'ai l'espoir que lorsque la paix sera faite elles reprendront leur ancienne valeur. — Du tout, Madame, la paix ne fera pas que ce qui est mauvais devienne bon Le plus sage est de vendre à tout prix et de rentrer immédiatement dans la rente et les actions de la Banque. — Alors, Monsieur, je suis ruinée; ma maison est montée sur une dépense de 25,000 fr.; je ne veux pas déroger, ou je vais être obligée de me retirer en province, et je vous avoue que la vie de province m'inspire une antipathie profonde. — Madame, vous me demandez un conseil, je vous le donne franchement; vous êtes libre d'en agir comme il vous plaira; le bon sens indique de vendre tout de suite ces actions qui peuvent encore se placer et d'acheter de la rente ou des actions de la Banque ; en un mot, il faut assurer ce que vous possédez et ne pas le livrer aux éventualités de l'industrie. »

Elle se leva : « Voulez-vous avoir la bonté de venir me voir mardi prochain, à la même heure? — Volontiers, Madame. » Je me retirai en réfléchissant à tout ce qu'il y a de triste dans cette situation d'une femme en brillante toilette, les épaules nues, un bouquet de duchesse à la main, vous parlant de sa ruine le sourire sur les lèvres et avec cette exaltation fébrile qui vous oblige pour ainsi dire à la tromper.

Le mardi je fus au rendez-vous ; sa physionomie était radieuse ; elle me fit asseoir et me dit : « Monsieur, je dois vous prévenir que je suis allée rendre visite au syndic des agents de change ; c'était un ami de mon mari ; je lui ai parlé dans les mêmes termes qu'à vous ; je lui ai soumis la même liste de mes actions ; il a fait venir un de ses commis, et à quelques mille francs près, l'estimation de mes actions est celle que vous avez faite vous-même. Cette situation est pour moi un péril extrême ; j'ai quatre domestiques, deux chevaux, maison ouverte : si je supprime une partie de ces dépenses, je suis déshonorée aux yeux de mes amis et du monde. Il faut donc que je découvre un moyen de reconquérir l'argent que j'ai perdu. Ce moyen, je l'ai trouvé. » Un léger sourire effleura mes lèvres. Je me rappelai tout bas la phrase du comte de Presles. « Et ce moyen, Madame? — Le voici ! » Elle ouvrit un joli petit porte-monnaie et me montra une mèche de cheveux gris enveloppée dans une feuille de papier rose tendre. J'ouvris de grands yeux ; elle referma la mèche de cheveux, replaça précieusement le porte-monnaie dans sa poche et me dit en me regardant avec une sorte de joie orgueilleuse : « Ces cheveux, Monsieur, sont ceux de M. de Rothschild ! Vous dire par quel moyen je me les suis procurés est inutile, mais ils sont véritablement de lui. — Après, Madame? — Vous connaissez Alexis? —Sans doute! Eh bien ! avec Alexis et cette mèche de cheveux, demain je peux lire dans le carnet de M. de Rothschild, savoir quelles sont les opérations qu'il fera à la Bourse, et opérer dans le même sens que lui. Pour cette operation il me faut un agent de change discret et dévoué, j'ai pensé à vous. Voilà 20,000 fr. que mon notaire m'a remis ; je vous les confie comme garantie de mes opérations, et un jour de cette semaine, mercredi, mon domestique vous remettra l'ordre de vendre ou d'acheter

30,000 fr. de rente 3 p. 100, selon que je le jugerai convenable. » Cette proposition me donna une certaine émotion. Il est difficile de dire à une femme dans une sorte d'exaltation : Je ne veux pas me prêter à une affaire ridicule, peut-être désastreuse, qui plus tard apparaîtra au grand jour et me fera passer pour complice d'une pareille sottise. Mais les femmes ont une logique pressante, passionnée ; il faut pour résister, une rudesse de caractère que je n'ai pas ; j'acceptai la proposition. Elle me remercia avec la plus vive émotion, tant elle était heureuse de savoir que l'expérience serait faite selon ses désirs. Son domestique vint à la Bourse et s'informa du côté où il aurait la certitude de me voir pour me remettre ses ordres.

Les hommes de doute attribuent les effets du somnambulisme à l'imagination. On a tort : les effets du somnambulisme sont incontestables. Ils se sont produits sur des paysans, des nègres ; dans toutes les parties du monde on a fait du somnambulisme. Il est certain que le somnambule voit sans se servir de ses yeux, devine un objet sans le toucher, et parle de choses qu'éveillé il ne connaît pas. Dans l'état de somnambulisme, les sens acquièrent un grand développement ; mais il y a loin de cette surexcitation des sens qui produit certains phénomènes à celle de deviner avec une mèche de cheveux l'opération que devait faire M. de Rothschild.

J'étais en attendant l'ordre de la marquise, lorsqu'au moment où la cloche de la Bourse retentissait pour annoncer l'ouverture du marché, le domestique arriva tout essoufflé et me remit une lettre ainsi conçue :

« Mon cher monsieur,—M. de Rothschild vend « aujourd'hui deux mille actions du Nord ; vendez-« en mille pour mon compte à l'ouverture de la « Bourse. » Je me hâtai de faire passer l'ordre ; les mille actions furent bientôt vendues. A la fin de la Bourse, elles baissèrent de 10 fr. Je fus rendre compte à la marquise du succès de son opération, bien résolu à ne pas la continuer. Elle me répondit : « C'est une source inépuisable d'or et de bénéfices ; demain nous en ferons une nouvelle. — Demain, non ! non ! lui répondis-je, je ne consentirais pour rien au monde à la renouveler. Voyez un autre agent, ne comptez pas sur moi. — Cher monsieur, pourquoi cela? — Je ne veux pas être l'intermédiaire de semblables folies ; je ne peux pas croire ce qui est incroyable. Ces sortes d'affaires finissent toujours mal Supposez-vous que si elles étaient sincères, Alexis se contenterait des 50 fr. que vous lui donnez pour lire dans le carnet de M. de Rothschild? Vous avez réussi, vous pouvez réaliser 10 à 15,000 fr. de bénéfices; acceptez-les et ne tentez plus ainsi la fortune. Quant à moi, je ne m'y prêterai pas, c'est mon dernier mot. » A la fin du mois elle reçut 15,000 fr. pour différences : elle a dû les perdre chez un autre agent de change.

Toujours est-il qu'elle a gagné 15,000 fr., et que les apparences de la liquidation de quinzaine m'ont démontré qu'en effet une haute maison de banque avait vendu et livré une forte partie d'actions du chemin de fer du Nord.

Je vais donner une lettre adressée au marquis de Mirville, et imprimée dans un livre dans lequel il a eu le tort de ne pas établir de différence entre nos phénomènes et ceux de la sorcellerie diabolique :

« Monsieur,

« Comme j'ai eu l'honneur de vous le dire, je tenais à une seconde séance; celle à laquelle j'assistais hier chez Marcillet a été plus merveilleuse encore que la première, et ne me laisse plus *aucun doute* sur

la lucidité d'Alexis. Je me rendis à cette séance,
avec l'arrière-pensée de bien surveiller la partie
d'écarté qui m'avait tant étonné. Je pris cette fois
de bien plus grandes précautions encore qu'à la
première ; car, me méfiant de moi-même, je me fis
accompagner d'un de mes amis, dont le caractère
calme pouvait apprécier froidement et établir une
sorte d'équilibre dans mon jugement.

« Voici ce qui s'est passé, et l'on verra si jamais
des subtilités ont jamais pu produire des effets semblables à celui que je vais citer. Je décachète un jeu
apporté par moi, et dont j'avais marqué l'enveloppe,
afin qu'il ne pût être changé... Je mêle... c'est à
moi de donner... Je donne avec toutes les précautions d'un homme exercé aux finesses de son art.
Précautions inutiles ! Alexis m'arrête, et me dési-
gnant une des cartes que je venais de poser devant
lui sur la table :

— « J'ai le roi, me dit-il.

— « Mais vous n'en savez rien encore, puisque la
retourne n'est pas sortie.

— « Vous allez le voir, reprit-il ; continuez. Effectivement, je retourne le huit de carreau, et la
sienne était le roi de carreau. La partie fut conti-
nuée d'une manière assez bizarre, car il me di-

sait les cartes que je devais jouer, quoique mon jeu fût caché *sous la table et serré dans mes mains.* A chacune de ces cartes jouées, il en posait une de son jeu sans la retourner, et toujours elle se trouvait parfaitement en rapport avec celle que j'avais jouée moi-même.

« Je suis donc revenu de cette séance, aussi émerveillé que je puisse l'être, et persuadé qu'il est TOUT A FAIT IMPOSSIBLE QUE LE HASARD OU L'ADRESSE PUISSE JAMAIS PRODUIRE DES EFFETS AUSSI MERVEILLEUX.

« Recevez, Monsieur, etc.

« *Signé* : ROBERT HOUDIN.

« 16 Mai 1847. »

Nous empruntons ce fait à un recueil, la *Science du Diable*, nous trouvant impuissant à le narrer si bien que l'a fait le spirituel écrivain :

« Au seul titre de magnétisme, un sourire d'incrédulité a agité vos lèvres, et votre esprit railleur me prépare une sceptique dénégation. Mais, de grâce, suspendez quelques instants encore votre arrêt : n'appréhendez pas de ma part une théorie plus ou moins ingénieuse sur le fluide mesmérien. — Je vais vous raconter tout simplement un fait, un fait réel, incontestable, et, vous le savez, rien n'est brutalement concluant comme un fait. — Broussais l'a dit.

Donc, le 23 novembre 1844, ayant pris à Bordeaux la malle de Paris, je me trouvais avoir pour compagnon de voyage un homme de cinquante-cinq ans environ, de haute stature, aux allures froides, mais pleines de distinction. — Quelques mots prononcés d'un accent légèrement britannique, me fixèrent suffisamment sur la patrie de mon voisin. Entre Français, on fait vite connaissance; il n'en est pas de même avec les fils d'Albion. A Angoulême, nous avions à peine échangé quelques paroles banales. — Heureusement qu'un pâté de foie gras, consommé à Ruffec en collaboration, établit entre nous un solide lien, et nous pûmes mutuellement nous appeler par notre nom. L'Anglais était le colonel Gurwood, gouverneur de la Tour de Londres. — Mon nom, à moi, ne fait rien à l'affaire.

Enfin, arrivés à Tours, l'intimité était complète, et je risquai la plaisanterie. « Vous autres, Français, vous riez de tout. — Pardieu! colonel, comment tenir son sérieux quand vous posez des

axiomes tels que celui-ci : « Le magnétisme est une
« doctrine positive, reposant sur des faits certains,
« avérés, dont la reproduction est constante dans
« toutes les conditions semblables. » — Vous ne
croyez donc pas au magnétisme, jeune homme ? —
Entendons-nous, colonel ; je crois à la possibilité
d'endormir un être quelconque à force de le fatiguer
par des passes et contre-passes, de même que je
crois à la faculté de faire bâiller en bâillant ; mais je
doute du magnétisme appliqué à la lecture par l'é-
pigastre, aux jeux de cartes, à la divination des événements présents ou passés, et à tous autres exercices
du même genre, pratiqués, dit-on, dans les séances
des magnétiseurs. Mais vous, colonel, j'espère que
vous ne donnez pas dans toutes ces billevesées ? »
Comme je disais ces mots, le colonel Gurwood ouvrit son portefeuille, mit à part quelques lettres nécessaires à sa narration, et s'exprima en ces termes :
— Il y a deux ans, mon jeune ami, j'étais, à l'endroit du magnétisme, aussi sceptique que vous,
lorsqu'un jour du mois d'octobre 1842, j'entrai au
Palais-Royal, chez Sabatier, le fameux faiseur de
portraits au daguerréotype. Il s'y trouvait un homme
d'une cinquantaine d'années, à la physionomie vive,
à l'œil étincelant, vers lequel je me suis senti porté

par une de ces sympathies qui ne s'expliquent pas.

La bonne éducation est un lien entre les hommes de tous les pays ; aussi entrâmes-nous en conversation, et une chose en amenant une autre, nous parlâmes magnétisme et je me posai en sceptique absolu. « Monsieur, me dit cet homme, il ne m'appartient pas de forcer vos convictions ; mais, si vous voulez me faire l'honneur de me suivre chez moi, je m'engage à modifier singulièrement vos croyances ; car moi, monsieur, je suis adepte fervent du magnétisme, et, dans l'intérêt d'une cause que je crois belle et honorable, j'occupe mes loisirs à étudier les phénomènes magnétiques sur un jeune homme en qui le sommeil est d'une lucidité merveilleuse. »

Mû par un sentiment d'une railleuse curiosité, j'acceptai la proposition de mon interlocuteur.

Quelques instants après, mon hôte, par la seule fixité de son regard, endormait dans un fauteuil un jeune homme pâle, dont les mouvements nerveux causaient aux spectateurs une pénible sensation. Après une lutte de courte durée, le patient s'endormit, et bientôt au sommeil naturel succéda cette disposition somnambulique qui permet de parler et d'agir. —Le magnétiseur était M. Marcillet, le magnétisé Alexis Didier. — Je passerai sous silence une partie d'écarté jouée contre moi et gagnée à carte nommée par Alexis, à qui j'avais moi-même attaché sur les yeux un triple bandeau. Je ne m'étendrai pas non plus sur l'état tétanique des jambes du magnétisé, devenues roides et insensibles sous l'influence du fluide, j'ai hâte d'arriver à l'exposition des faits qui me sont personnels.

Après divers exercices, je m'assieds à côté d'Alexis, ma main dans sa main, et nous voilà causant : « Mon ami, lui dis-je, je suis incrédule, mais je le suis de bonne foi ; aussi, ne craignez pas de ma part une opposition systématique. — Oh ! je le sais bien ! Vous avez trop de bon sens pour nier l'évidence et trop de cœur pour ne pas aimer qui vous aime... et je vous aime bien, moi, tout Anglais que vous êtes ; je vous aime, parce que vous avez généreusement sauvé la vie à un soldat français ! » — Singulièrement ému à cette parole, je le prie de continuer. « Oui, reprend Alexis, il y a longtemps de cela ! il y a, ajouta-t-il après une pause, il y a trente ans ! L'affaire se passe là-bas, dans le Midi, pendant l'hiver... le pays est sauvage..... Voici la nuit, et vos troupes, munies d'échelles, se rendent sous les murs d'une place forte.... Dieu ! quel bruit ! quelle mêlée.... Pauvre homme, vous êtes blessé, dit Alexis en posant sa main sur ma tête, c'est là que porta le coup... Mais votre blessure ne vous arrête pas..... Je vous vois plus loin, montant à l'assaut... sur la brèche... Des cris étouffés parviennent à vos oreilles : des soldats anglais entourent un Français qu'ils veulent tuer.... Vous accourez bravement, vous relevez avec votre bras les armes qui menacent sa tête, et vous commandez qu'on respecte ses jours.... Oh! allez, je vous aime bien.... L'officier vous suit à une tour carrée où plusieurs de ses camarades sont faits prisonniers.... Vous traversez la ville pour aller trouver votre général, à qui, sur votre ordre, le général français rend son épée.... — Et cette épée, qu'est-elle devenue? — Votre général vous en fit don.... et vous l'avez encore à Londres, suspendue au mur de votre chambre. La lame seule date d'alors; le fourreau a été changé en 1827. — Et l'officier à qui je sauvai la vie existe-t-il encore? — Oui, il existe, et depuis longtemps vous faites d'inutiles recherches pour le retrouver; mais ayez bon espoir, revenez demain, et nous le découvrirons! » — Emu, troublé par ce que je venais d'entendre, je sortis de chez M. Marcillet la tête en feu, ne sachant plus que penser et que croire; car, enfin, Alexis avait dit vrai.

Oui, le 19 janvier 1812, au siége de Ciudad-Rodrigo, en Espagne, je fus blessé à la tête et à l'endroit même indiqué par Alexis. Oui, dans la même
nuit, j'eus le bonheur de sauver la vie à un officier
français. Oui, je reçus de lord Wellington l'épée du
général Barrié, après l'assaut de la place. Oui, le
fourreau de cette épée a été changé vers l'époque
fixée par Alexis. Oui, je faisais des recherches pour
retrouver l'officier français sauvé par mes soins, attendu que le général Napier (dans son *Histoire de
la Péninsule*) me refuse l'honneur d'avoir conduit
l'assaut de Ciudad-Rodrigo, et désigne le major Ma-
chis comme ayant droit à l'épée qui m'a été donnée
par lord Wellington. — Jugez donc de quelle importance il était pour moi de retrouver un témoin qui
pût certifier la vérité de faits déjà vieux de trente
ans ! — Malheureusement, je n'avais pas sur cet officier la moindre notion qui m'aidât dans mes recherches.

Le lendemain, je revins près d'Alexis, que je pres-
sai de questions touchant l'officier français.

« J'avoue, me répond le somnambule, que j'é-
prouve quelque embarras à le suivre dans toutes les
phases de sa carrière militaire : il se trouve mêlé
dans mon esprit à d'autres officiers qui assistaient

comme lui au siége dont j'ai parlé.... Cherchons bien, cependant... Oui, je vois notre homme, environ deux ans plus tard, à Paris, rue... Saint-Antoine pendant la nuit..... Voilà qu'on lui remet un avis très-pressé, et, avec la compagnie qu'il commande comme capitaine, il se rend dans la rue de Richelieu, près la Bibliothèque royale, où je vois la foule ameutée.... Ah ! c'est qu'il vient de se passer un événement sinistre...

— Que s'est-il donc passé? — Un crime, un assassinat commis sur un illustre personnage...

— Voyons, Alexis, suivez le capitaine jusqu'à nos jours, et dites-moi où je dois le chercher.

— C'est en vain que je le poursuis... Ma vue ne peut l'atteindre...; mais écoutez : adressez-vous au colonel du 42e de ligne, en garnison à Valenciennes. Pourtant vous pouvez ne pas vous presser; car, si vous lui écriviez aujourd'hui, il ne recevrait pas immédiatement votre lettre : il est à Maubeuge. » Curieux de vérifier ces faits, je consulte l'annuaire, et j'adresse ma lettre à M. Husson, colonel du 42e de ligne, en garnison à Valenciennes. — Cinq jours après, je reçois du colonel Husson une réponse dans laquelle il s'excuse de son retard, occasionné par une tournée d'inspection. — Ce n'est pas lui qui se trouvait au siége de Ciudad-Rodrigo, mais son frère, dont il indique l'adresse à Paris. — J'écrivis donc immédiatement à ce frère, et voici le résumé de sa réponse : après avoir constaté sa présence au siége de Ciudad-Rodrigo. M. Husson continue ainsi : « Il me fut rapporté, et j'ai ouï dire par plusieurs officiers anglais, pendant mon séjour au quartier général, qu'un officier de la compagnie des volti- geurs, chargé de la défense de la petite brèche, fut assailli et près d'être accablé par des soldats ; alors il fit le cri de détresse maçonnique, un officier le sauva et eut pour lui des attentions suivies ; il le recommanda à ses camarades sur la route que la garnison suivit, je crois même jusqu'à Lisbonne. — C'est sans doute vous, colonel, qui, au milieu d'une action vive, avez sauvé la vie à cet officier, dont je n'ai jamais su le nom. — *Paris, le 17 janvier* 1843. HUSSON, colonel d'artillerie en retraite. »—Le même jour, je communiquai cette lettre à Alexis. « Cou- rage ! me dit-il, nous sommes sur la bonne voie. A votre retour à Londres, consultez les documents re- latifs aux mois de janvier et février 1812, et je réponds du succès. »

Un mois plus tard, j'étais dans la Tour, à Lon- dres, et furetant dans les papiers de lord Welling-

ton tous les papiers relatifs aux affaires d'Espagne
de ladite époque ; tout à coup mes yeux se portèrent
sur un endossement ainsi conçu : Bonfilh, 34e léger. — Ce nom me frappa comme un trait de lumière, et, me sentant saisi d'une conviction inexpli-
cable, j'ouvre la lettre en m'écriant . « Plus de
doute, c'est lui ! » — Par cette lettre, signée Bonfilh,
un officier français faisait à lord Wellington la demande d'envoyer ses lettres aux avant-postes... Il
n'y avait rien là qui servît à me fixer ; néanmoins,
poussé par une voix intérieure, j'écris au colonel
d'Artois, secrétaire au comité des fortifications de
Paris, en le priant de faire des recherches dans les
bureaux de la guerre.

Le colonel d'Artois me répond qu'il n'existe personne du nom de Bonfilh dans les cadres de l'armée ;
mais il m'envoie un certificat constatant que le
commandant Bonfilh, qui a servi dans le 34e léger,
reçoit sa retraite à Villeneuve-d'Agen, et demeure
à Villaréal (Lot-et-Garonne). — Le 23 avril 1844,
j'adresse au commandant Bonfilh une lettre dans
laquelle je lui fais part de mes espérances ; et, le
7 mai 1844, je reçois la réponse suivante : — *Villaréal (Lot-et-Garonne)*, 1er *mai* 1844. Monsieur le
colonel Gurwood, — j'ai reçu de vous une lettre da-

tée du 23 avril, dans laquelle j'ai lu avec le plus vif intérêt les détails sur la prise de Ciudad-Rodrigo. — D'après les citations que vous me faites, Monsieur le colonel, il n'y a plus de doute, je suis l'officier français à qui vous avez si noblement sauvé la vie, et que depuis si longtemps vous cherchez..... Je me rappelle que, lorsque vous arrivâtes à mon secours, j'étais couché par terre, entouré de six à huit soldats anglais, dont les uns me tenaient la baïonnette sur le corps, tandis que les autres m'arrachaient les habits ou me prenaient l'argent que j'avais sur moi. Vous accourûtes, Monsieur le colonel, et, faisant retirer ces soldats, vous me prîtes sous votre protection. Nous nous rendîmes à la Tour carrée, près la porte d'Almeida, où M. le général Barrié se rendit à vous en vous disant : « Respectez mes soldats ! » Ce général vous offrit même sa montre, mais vous lui répondîtes : « Conservez votre « montre, général ; l'honneur m'a conduit ici, et « non le pillage. » Il voulut aussi vous remettre son épée, et vous la refusâtes en disant : « Il faut me « suivre ; vous la remettrez à M. le général duc de « Wellington. »

J'ajouterai, Monsieur le colonel, que, lorsqu'on nous conduisait prisonniers, en nous dirigeant vers le **Portugal**, vous me fîtes entrer dans une maison d'un petit village, El Rodon, où l'on me donna une tasse de rhum et un pain de munition pour la route. Enfin, vous eûtes la bonté de m'accompagner jusqu'à la colonne des prisonniers qui était en avant, et sans vous, Monsieur le colonel, les Espagnols m'auraient infailliblement égorgé avant que j'eusse pu rejoindre mes camarades d'infortune.

« Je me suis souvent reproché, Monsieur le colonel, de n'avoir pas eu le soin de demander le nom de mon bienfaiteur ; sans cela, croyez-le bien, j'aurais pris l'avance pour vous écrire et vous témoigner ma vive et éternelle reconnaissance. Enfin, je fais des vœux pour votre bonheur, et je vous prie de me sacrifier un moment de vos loisirs pour m'écrire. — *Celui qui vous doit la vie*, BONFILH, chef de bataillon en retraite. »

Enfin, je recevais le prix de mes démarches ! La lettre de ce brave commandant me rendit si heureux, que je me promis bien de l'aller voir à mon premier voyage en France, et vous me voyez, mon jeune ami, revenant de Villaréal, où j'ai passé quelques jours que je compte au nombre de mes plus fortunés. — Oh! que n'étiez-vous présent à notre mutuelle reconnaissance ! vous auriez pris une vive part à la joie de toute cette famille, dont j'emporte les bénédictions ! — Avec quels charmes de souvenir M. Bonfilh m'a entretenu des événements de sa vie entièrement conformes, du reste, à la narration d'Alexis... — C'est ainsi, par exemple, que, le 13 février 1820, M. Bonfilh, capitaine au 47ᵉ de ligne, en garnison à Paris, faisait, le soir, un service de ronde dans la rue Saint-Antoine, lorsqu'on vint lui apprendre l'assassinat du duc de Berry. Aussitôt il se rendit avec sa troupe dans la rue Richelieu, et alla passer la nuit au poste de la Bibliothèque royale.

— Colonel, je reste confondu... — Le magnétisme joue un si grand rôle dans le récit que je viens d'entendre, que vous m'avez presque converti ; aussi, à mon arrivée à Paris, ma première visite sera-t-elle à M. Marcillet.

Mon aimable compagnon s'arrêta à Orléans, où il devait séjourner, et j'arrivai seul à Paris, vers sept heures du matin.

A deux heures de l'après-midi, le même jour, je frappais chez M. Marcillet, où, par un hasard heureux, Alexis endormi donnait une séance...

Le maître du logis me fit un accueil plein de bienveillance et consentit à me mettre en rapport avec

le somnambule. — Alors, m'adressant à Alexis :
« Mon cher Monsieur, lui dis-je, pourriez-vous de-
viner qui je suis? » Voici ses premières paroles :
« Vous êtes un ami du colonel Gurwood! »

———

Nous allons donner le compte rendu d'une de nos
séances, rapportée par Alphonse Karr, qui, certes,
n'est pas un cerveau faible :

Il faut que je parle encore du magnétisme.

Je raconte ce que j'ai vu, — sans exagération et
sans *fioritures*. J'ai assisté à trois séances : — la
première était chez M. Charles Led, avocat; le magnétiseur était M. Marcillet, et le somnambule était
Alexis.

Après que M. Marcillet eut déclaré son sujet endormi, on lui mit sous les yeux deux gros tampons
de ouate, puis on recouvrit la ouate de trois bandeaux épais. Un de mes amis, un peintre d'un talent charmant, M. J..., que j'avais mené dans la
maison, consentit à jouer aux cartes avec lui. Il fit
couper, donna cinq cartes à Alexis, qui avait les
yeux bandés comme je viens de le dire, puis tourna

la onzième carte. Alexis, laissant les cartes retournées sur la table, en demanda trois, puis dit : J'ai le
point, vous n'avez que deux atouts, le roi et le dix.
M. J... avait en effet le roi et le dix d'atout, et perdit le point. Alexis désigna une ou deux cartes à
faux dans le jeu de son adversaire, mais cependant
joua ses cinq cartes à lui sans se tromper, four-
nissant de la carte demandée, ou coupant quand il
n'en avait pas.

Le coup d'après, comme il hésitait à écarter la
dame de pique, il toucha le talon et dit : Je puis jeter la dame de pique, je vais prendre le roi. Il donna
des cartes à son adversaire, et en prit lui-même
quatre, dans lesquelles se trouvait effectivement le
roi de pique ; puis il pria M. J... de laisser son jeu
retourné sur la table, et plaçant le sien dans la même
position, il joua les deux jeux.

Le jeu dont on se servait pour l'écarté avait été,
dans l'origine, un jeu de piquet. Quelques basses
cartes y avaient été oubliées. Alexis, — les yeux
bandés comme nous l'avons vu, les cartes retournées
sur la table, — ôta avec impatience ces quelques
basses cartes mêlées aux autres.

Quelqu'un prit un livre parmi une trentaine de
volumes qui se trouvaient dans le salon. On ôta les

bandeaux d'Alexis, puis on lui présenta un livre ouvert. Il demanda à quelle page on voulait qu'il lût.
Le livre était ouvert à la page 139; je demandai
qu'il lût à la page 145. Le somnambule, les yeux
fixés sur la page 139, répondit : Je vois écrit, en
lettres italiques, à la page 145, à cette place (et il
indiqua les deux tiers de la page), les *Mystères de
Paris*.

On ouvrit le livre, et à la page 145, on trouva
écrits, en lettres italiques, ces mots : *Les Mystères
de Paris*.

On recommença l'épreuve sur un autre volume.
On demanda au somnambule de lire la dixième page
après celle qu'il voyait. Les mots indiqués par Alexis
ne se trouvèrent pas à la dixième page, il dit : C'est
que j'aurai lu plus loin; je suis sûr de les avoir lus.

—Les mots se trouvèrent quatre ou cinq pages plus
loin.

M. T. J... donna la main au somnambule et lui
ordonna d'aller chez lui.

— Je vois, dit-il, beaucoup de tableaux.

Il indiqua quelques objets, que M. T. J... ne
trouva pas justement désignés. Il lui dit alors :

— Voyez le tableau qui est sur mon chevalet.

— Je le vois, dit Alexis; c'est une campagne. Il

y aura de la verdure, mais elle n'est pas encore peinte.

Il y a... trois personnages... Un des trois, je ne sais si c'est un enfant, est bien plus petit que les autres; il a une arme à la main. Sur le devant, il y a deux animaux... pareils... Mais je ne vois pas bien; ils ont comme des cornes...

— Sont-ce des bœufs?

— Oh! non, c'est bien plus petit; il y a aussi, à droite, comme une maison.

— Non.

— Si fait; tenez.

Alexis prit un crayon et dessina sur du papier la forme de ce qu'il voyait.

M. T. J. dit alors que le tableau qui était sur son chevalet représentait deux petits braconniers tenant chacun un lièvre qu'ils viennent de prendre au lacet. Dans le lointain est un garde-chasse qui arrive le fusil sous le bras, et qui est fort petit à cause de l'éloignement. Il affirma, du reste, que ce que venait de tracer Alexis était un pan de muraille qui existe en effet dans le tableau, et que le dessin était très-exact.

Quelqu'un lui donna un papier plié en plusieurs doubles, en l'invitant à lire ce qu'il contenait. Après d'assez longues hésitations, il dit : Je ne peux pas lire, parce que la personne qui m'a donné ce papier ne l'a pas écrit elle-même ; elle l'a fait écrire par un enfant qui est ici, et l'enfant a d'abord voulu écrire son nom, puis on lui a fait mettre un autre mot; et le nom de l'enfant et le mot écrit se confondent à mes yeux.

— Eh bien ! voyez-vous le nom de l'enfant?

— Oh! oui ; il s'appelle *Charles.*

— C'est vrai.

Plusieurs autres épreuves eurent lieu. Le somnambule tantôt voyait, d'autres fois entrevoyait, quelquefois ne voyait pas; puis il se dit fatigué.

A une autre séance, — chez M. Marcillet, — on joua aux cartes comme à la première; seulement, je fis chercher un jeu de cartes neuf, dont je brisai l'enveloppe seulement au moment de jouer. Le jeu se passa comme aux autres séances.

Alexis lut successivement dans un livre apporté par quelqu'un, et des mots écrits à la main et enveloppés dans plusieurs papiers, — cette opération ne réussit pas toujours, et elle paraît toujours le fatiguer. Quelquefois il ne voit que quelques lettres du mot, — rejette le papier, — et le reprend au milieu d'autres questions.

Un gentleman anglais lui présente sa main fermée.

— Voyez-vous ce que j'ai dans la main?

— Oui, c'est rond; il y a une figure... Retournez votre main... Ah! c'est cela... il y en a deux!

— Deux figures?

— Non; deux choses pareilles, sur chacune desquelles il y a une figure.

— C'est vrai.

— Ce sont deux pièces d'or; elles ne sont pas du même or : l'une d'or jaune, l'autre d'or rouge.

Alexis dit à l'Anglais :

— Regardez le millésime des pièces : l'une est de 1811, l'autre de 1815.

Une grosse dame s'avance :

— Pouvez-vous voir, dans la ville de..., la personne qui a écrit cette lettre?

— Oui.

— Comment se porte-t-elle?

— Dam! elle a soixante-seize ans.

— Je ne la croyais pas si âgée.

— Vous croyez qu'elle n'a que soixante-treize ans, mais elle en a soixante-seize.

— Comment se porte-t-elle?

— Assez mal.

— Vraiment! Et est-elle bien disposée pour sa famille?... pour moi, surtout?...

— C'est votre tante.

— Non... c'est une parente... Mais je vous demande si elle est bien disposée pour moi?

— Je ne sais pas; mais ce que je vois bien, c'est qu'elle est boiteuse.

— Ah! mon Dieu! c'est vrai.

J'étais venu avec plusieurs amis, avec lesquels j'avais dîné chez l'un de nous. En quittant la maison, j'avais cassé une branche à une azalée à fleurs blanches, et j'avais mis cette branche dans une bouteille à vin de Champagne vidée.

Celui chez lequel on avait dîné dit au somnambule :

— Voulez-vous aller chez moi?

— Oui

— Que voyez-vous dans mon salon?

— Une table avec des papiers dessus et des assiettes et des verres.

— Il y a sur cette table quelque chose que j'ai disposé à cause de vous, tâchez de le voir.

— Ah! je vois une bouteille... Il y a du feu; non, ce n'est pas du feu, mais c'est comme du feu... La bouteille est vide, mais il y a quelque chose qui brille... Ah! c'est une bouteille à champagne Il y a dessus quelque chose... Ce n'est pas son bouchon, mais c'est à la place du bouchon; c'est bien plus mince par le bout qui est dans la bouteille que par l'autre; c'est blanc, c'est comme du papier. Tenez.

Et il dessina une bouteille avec la branche d'azalée, et il s'écria :

— Ah! c'est une fleur... un bouquet de fleurs... de fleurs blanches.

Un médecin se trouvait là, qui est un homme considérable. Il a écrit des ouvrages fort importants, couronnés par l'Académie. C'est un observateur sagace et sérieux, le baron F...

Il demanda au somnambule s'il pourrait également aller chez lui.

Alexis répondit ·

— Je suis bien fatigué, mais je vais essayer.

— Que voyez-vous dans mon cabinet? ·

— Une table, des livres.

— Comme partout. ·

— Deux bibliothèques.

— Non, il n'y en a qu'une.

— Une bibliothèque, oui; mais il y a beaucoup de livre sur un autre meuble.

— C'est possible; mais tâchez de voir quelque chose de plus particulier?

— Je vois un buste, un buste en marbre.

— Bien.

— En marbre blanc.

— Pas tout à fait.

— Le socle est noir, en marbre noir; mais le buste est blanc, avec des veines... grises, violettes, bleues.

— Enfin, du marbre veiné?

— Oui.

— Que représente ce buste?

— C'est... Je ne vois pas bien; il a la tête ronde. Ah! mais, c'est l'empereur Napoléon.

— C'est vrai. Sur quoi est-il?

— Il est singulièrement placé... sur quelque chose où on ne met pas d'ordinaire des bustes. C'est... tiens, c'est sur votre pendule

— Oui.

— Il n'y a qu'un an que vous l'avez.

— Effectivement.

Tous les faits q̇ ṇo nous allons citer sont tirés des principaux journau.. de Paris, qui ne les ont publiés qu'après avoir vérifié leur authenticité.

Un bracelet d'une grande valeur fut soustrait à Mme la duchesse de Sévil e, infante d'Espagne, lorsqu'un de ses amis lui con illa de se rendre chez le magnétiseur Marcillet, po ir tâcher d'obtenir de la clairvoyance de son somnambule quelques renseignements sur la disparition de ce précieux bijou. — Je le veux bien, répondit la duchesse ; mais il y a un petit inconvénient, ajouta-t-elle en souriant, c'est que je ne crois nullement au pouvoir somnambulique... et comme il faut la foi, m'a-t-on dit, pour réussir auprès des clairvoyants, je suis peu apte à les diriger...—C'est égal, Madame, répliqua son interlocuteur, tentons toujours l'expérience, et si vous le voulez, nous nous rendrons auprès d'Alexis, vous me remettrez à l'avance une paire de gants que vous aurez touchés et ce sera moi qui le questionnerai. La proposition ayant été acceptée, on se rendit auprès du somnambule.

Ces gants me mettent en rapport avec une dame de haute naissance, dit aussitôt Alexis, et c'est pour la perte d'un bracelet qu'elle désire me consulter.— C'est vrai, répondit l'interprète... Puis Alexis continuant fit la description du bijou, ajoutant qu'il avait été donné par le roi d'Espagne, et qu'il voyait même dessus le portrait de ce monarque...

Mme la duchesse de Séville resta confondue d'une lucidité aussi inattendue, lorsqu'Alexis ajouta, en lui rendant ses gants : — Soyez sans inquiétude, Madame, vous retrouverez votre bracelet ; celui qui l'a dérobé s'est sauvé en Allemagne, du côté de Francfort, mais avant de partir il a engagé ce bijou au Mont-de-Piété. Faites donc écrire immédiatement au directeur de cet établissement, puis au préfet de police, et avant peu il vous sera remis.

Les conseils d'Alexis ayant été ponctuellement suivis, quelques jours après, un commissaire de police se présentait chez Mme la duchesse de Séville, porteur du bienheureux bracelet, retrouvé au Mont-de-Piété comme le somnambule l'avait annoncé.

———

M. Charnay, neveu, négociant en vins, 81, rue Saint-Antoine, se présenta chez Marcillet il y a environ trois ans, accompagné d'un de ses amis, pour consulter Alexis ; l'ami de M. Charnay avait apporté un objet appartenant à une personne disparue de la

ville de Lyon, que ce dernier habitait également.
Alexis endormi dit aussitôt que cette personne était
morte, qu'il la voyait noyée dans la Saône, non loin
d'un pont qu'il désigna; des recherches ayant été
ordonnées en cet endroit, le corps y fut retrouvé.

— Tout le monde a connu le triste événement arrivé il y a deux ans environ au fils d'un banquier,
M. A. Le père de cet infortuné vint consulter Alexis
sur la disparition de son enfant. — Vous avez dû re-
marquer, lui dit le somnambule, que depuis près
d'un mois, votre fils était triste, taciturne même. —
C'est vrai, répondit M. A. — C'est que, voyez-vous,
déjà à cette époque il avait conçu le projet d'en finir avec la vie; il vient de mettre ce fatal projet à
exécution; je vois son corps dans la Seine, non loin
de Passy, en face l'île des Cygnes; allez en cet endroit, vous l'y retrouverez. M. A. se retira, peu
convaincu et très-mécontent; il avait pensé qu'Alexis
allait lui indiquer où son fils avait passé la nuit, car
il ne manquait chez ses parents que depuis la veille.
Un mois s'écoula ainsi dans une cruelle attente,
lorsqu'au bout de ce délai, des bateliers, en pêchant
dans la Seine, retrouvèrent, en face du village de
Suresnes, le corps du malheureux jeune homme!

Le 3 mai de l'année 1852, le sous-lieutenant Bijan, du 3e léger, trésorier dans son régiment, vint trouver Alexis afin qu'il tâchât de lui découvrir un militaire de son régiment qui avait déserté lui emportant 2,000 fr. Alexis, après avoir donné le signalement de cet homme, dit qu'il était caporal, assura qu'il avait servi dans un régiment où il y avait des boutons jaunes, et finit par dire qu'il sortait du 14e de ligne... ce qui était vrai. Mais ce qui émerveilla l'officier, c'est qu'Alexis ajouta qu'il avait aussi été incorporé dans la garde mobile ; le lieutenant Bijan ne pouvait affirmer ce dire d'Alexis, ne le sachant pas et ne le croyant pas. Mais le lendemain, étant revenu pour continuer la séance, il avait su qu'effectivement ce caporal infidèle avait été dans la garde mobile !... Prié de continuer de suivre son voleur, Alexis dit qu'il ne le voyait pas chez sa mère qui habitait Bayeux... ce qui était encore vrai ; qu'il avait emporté pour lui servir de passeport une vieille permission ayant servi à un de ses camarades. Cette circonstance fut encore trouvée exacte.

Il a voulu s'embarquer pour passer à l'étranger, continua Alexis ; n'ayant pu y réussir, il vient de tenter de sortir de France par la Belgique ; mais il ne sera pas plus heureux et sera arrêté sous quelques jours. La prédiction d'Alexis se réalisa : quatre jours après, il fut pris à Lille.

LETTRE ADRESSÉE A M. LE RÉDACTEUR DU JOURNAL LE PAYS.

Monsieur le rédacteur,

Un vieux proverbe nous dit : « Il vaut mieux tard que jamais », aussi j'avoue avec humilité que je regrette d'avoir autant attendu pour donner à la publicité un fait étrange de somnambulisme qui m'est personnel ; puisse mon nouvel exemple être suivi par tous ceux qui, comme moi, trop timorés, doivent à cette mystérieuse faculté de l'esprit humain d'utiles révélations ; alors, ma conscience, plus légère, me permettra sans doute d'oublier un peu le passé.

C'était en 1849, au mois d'août, un de mes employés venait de disparaître de chez moi, en m'emportant une somme très-importante. Les recherches les plus actives faites par la police avaient été sans succès, lorsqu'un de mes amis, M. Linstant, jurisconsulte auquel je confiai mon malheur, sans me

faire connaître son projet, se rendit chez le magnétiseur Marcillet pour y consulter le somnambule
Alexis. Le rapport magnétique une fois établi, le
colloque suivant eut lieu :

— Pourriez-vous me dire, Alexis, le motif qui
m'amène auprès de vous?

— Vous venez, Monsieur, afin d'être renseigné
sur un vol d'argent fait à un de vos amis par un de
ses commis, qui est en fuite.

— C'est vrai.

— La somme volée, continua Alexis, est très-con-
sidérable, elle s'élève à près de 200,000 fr.

— Vous avez raison.

— Alexis, réfléchissant un instant, continua, disant que le commis infidèle se nommait Dubois,
qu'il le voyait à Bruxelles... hôtel des Princes... où
il était descendu. — Partez de suite, ajouta-t-il, et
vous le trouverez à l'endroit que je viens de vous
indiquer.

M. Linstant partit pour Bruxelles, mais malheureusement il ne se mit en route que le lendemain
au soir; il apprit, à son arrivée, que Dubois avait
effectivement logé à l'hôtel des Princes!... mais
que, depuis quelques heures seulement, il avait
quitté la ville. Ne sachant plus sur quel point se di-

riger pour l'atteindre, M. Linstant revint à Paris; à
son arrivée, il se rendit chez moi et m'apprit l'é-
trange révélation d'Alexis.

Curieux, à mon tour, de consulter ce clairvoyant,
je priai mon ami de me conduire chez M. Marcillet.
Alexis, une fois en rapport avec moi, me dit qu'il
voyait Dubois à la maison de jeu de Spa, qu'il per-
dait beaucoup d'argent et qu'au moment de son arrestation, il n'aurait plus rien...

Bien que cette prédiction fût peu encourageante,
je partis néanmoins le soir même pour Spa. Arrivé
à Bruxelles, je me rendis chez M. de Montigny, secrétaire de la légation française, qui voulut bien me
remettre une lettre pour le secrétaire général de la
justice de Belgique, afin de pouvoir faire arrêter
Dubois; mais je ne pus obtenir que son arrestation
fût ordonnée, attendu que je n'étais pas moi-même
autorisé à cet effet par le parquet de France; je me
vis donc obligé de rentrer à Paris pour me mettre
en mesure, ce qui me fit perdre un temps précieux.

Une instruction criminelle fut entamée et confiée
aux soins de M. Bertrand; une fois toutes les for-
malités remplies, je me mis de nouveau en route.
Arrivé à Spa, j'appris que Dubois l'avait quitté depuis quelques jours; je pensai qu'il avait tout à fait

abandonné le pays, et ne restai dans cette ville que cinq ou six heures. De retour à Paris, je me rendis de nouveau auprès d'Alexis.

—Vous avez eu peu de patience, me dit-il; depuis quelques jours, à la vérité, Dubois est allé à Aix-la-Chapelle, il a continué de jouer... il a perdu considérablement... Il est rentré actuellement à Spa, où il va finir de laisser au jeu le peu qui lui reste...

J'écrivis immédiatement aux autorités de Bruxelles et de Spa, que j'étais instruit que Dubois était revenu en Belgique, et, quelques jours après, il fut arrêté à Spa!...

Comme Alexis l'avait annoncé, Dubois avait tout perdu au jeu!... Conduit à la maison d'arrêt de Verviers, il y mourut au bout de quatre mois de détention préventive, au moment où son extradition venait d'être régularisée par les deux puissances.

Veuillez agréer, Monsieur le rédacteur, avec mes remerciements bien sincères, l'assurance de mes sentiments distigués.

E. PREVOST,
Commissionnaire au Mont-de-Piélé.

M. Vivant, ancien négociant, demeurant, 14, rue de la Victoire, se rendit chez le magnétiseur Marcillet pour y consulter son somnambule Alexis.

— Pourriez-vous me dire, Alexis, le motif qui m'amène auprès de vous?

— Vous venez, Monsieur, pour une perte que vous pensez avoir faite.

— C'est vrai.

— Voyez-vous de quelle nature est cette perte?

— Ce sont quatre billets de 1,000 francs chaque, placés par vous dans votre secrétaire, et que vous n'y retrouvez plus.

— C'est encore vrai.

— Donnez-moi le portefeuille qui est sur vous, répliqua Alexis, comme vos billets y sont restés quelque temps, il me sera plus facile de les retrouver en le touchant.

M. Vivant lui ayant remis ce portefeuille, le somnambule lui dit que les 4,000 francs qu'il y avait renfermés provenaient d'un de ses amis, les lui ayant confiés pour acheter de la rente... ce qui était vrai, puis il fit la description du domicile de son interlocuteur, allant même jusqu'à lui dire et son nom et son adresse... Emerveillé d'une telle lucidité, il le pria de continuer.

— Je le veux bien, répondit Alexis, mais à la condition que vous retirerez une plainte que vous avez portée chez votre commissaire de police : plainte, je vous assure, qu'il serait juste de faire diriger contre vous, ajouta-t-il en souriant, car vos billets n'ont pas bougé de votre secrétaire !

Ayant aussitôt quitté Alexis, M. Vivant se rendit chez lui, retourna tous ses papiers, les rangea même un par un, mais ne retrouva pas ses 4,000 francs ! Revenu de nouveau, le somnambule parut d'abord étonné qu'il n'eût pas en main ses billets, l'accusant même de les avoir mal cherchés ; mais, réfléchissant un instant ; attendez donc, dit-il..., je pensais que vous deviez voir comme moi, mais il ne peut en être ainsi... Votre meuble, comme vous le savez, est très-ancien, quelques crevasses s'y sont formées, et c'est dans l'une d'elles que vos billets sont tombés ! Retournez chez vous, cherchez où je vous indique, et je vous réponds du succès !

Bien que les nouveaux renseignements d'Alexis parussent peu concluants à M. Vivant, rentré chez lui, il visita néanmoins minutieusement son secrétaire, et reconnut qu'effectivement le bois s'était déjeté en plusieurs endroits ; se munissant aussitôt d'un morceau de fil de fer, il sonda dans les ouvertures qu'il venait d'apercevoir, et retira bientôt, à son grand étonnement et sa vive satisfaction, ses quatre billets de 1,000 francs enfouis dans l'une d'elles!

Inutile de dire que M. Vivant se rendit bientôt chez le commissaire de police de son quartier pour retirer sa plainte, puis il raconta à ce magistrat l'heureux résultat qu'il venait d'obtenir à l'aide du somnambulisme, résultat doublement heureux pour lui, puisqu'il mettait aussi à l'abri du soupçon les personnes qui l'entouraient.

XII.

> Le somnambule paraît savoir des choses
> qu'il ignorait avant son sommeil, et qu'il
> oublie à l'instant du réveil.
>
> LE PÈRE LACORDAIRE.

J'ai cru utile de raconter ces faits, parce que de ces phénomènes se détache et émane un parfum de religion qui élève l'âme et la porte à tâcher de se connaître elle-même en recherchant les éléments d'une philosophie ayant pour base la vérité, et apportant à l'homme la conscience du merveilleux et sublime organisme qu'il a reçu des mains de celui qui a tout créé et que je nomme avec vénération Dieu.

J'ai tenu à faire précéder ces faits de considérations philosophiques propres à démontrer que les faits merveilleux de la lucidité somnambulique se

14

produisent avec une désespérante variabilité, que le succès est perpétuellement suivi d'insuccès; en un mot, que l'erreur succède à la vérité, sans qu'il soit possible, lorsque l'on connaît les causes de la voyance, de jeter l'injure à la face de celui qui ne réussit pas, de l'accuser de charlatanisme, car cette faculté est soumise à des influences indépendantes de sa volonté et de sa conscience.

J'ai cru devoir insister beaucoup sur les possibilités de la non-réussite dans les expériences de somnambulisme, pour épargner à nos lecteurs de cruelles déceptions et ne pas imiter ces médecins qui écrivent des ouvrages de médecine dans le but de lancer dans le public des prospectus qui achalandent leurs cabinets de consultation et amènent des clients à la maison de santé qu'ils dirigent.

Ces faits, dont j'ai cité quelques-uns, se sont reproduits assez souvent pour que mon nom jouisse, dans l'opinion publique, d'une grande réputation de lucidité. Je profite de cette célébrité pour faire connaître à l'homme, non les dogmes d'une philosophie nouvelle, mais lui expliquer une des vérités les plus élémentaires de toutes les religions, l'existence et l'immortalité de l'âme. Il est hors de doute que, si je ne possédais pas en moi un principe immatériel, je ne pourrais pas m'élancer dans l'espace, à une distance immense, et contempler ce qui a lieu dans les pays les plus lointains. Il est, de plus, hors de doute que ce principe étant immatériel, est indécomposable, et doit résister et survivre à cette crise de décomposition que l'on nomme la mort.

Ces phénomènes ont de plus un immense avantage historique, en ce qu'ils jettent une vive clarté sur les réalités surnaturelles qui se mêlent, depuis la création du monde, à la religion et à l'histoire.

Jusqu'ici, et encore à présent, l'explication que l'on en donne dans les colléges me semble singulièrement insuffisante, et je rends grâces au ciel d'avoir passé ma vie en dehors de ce monde, où les préjugés se respirent, et d'avoir été, je le dis sans honte, ouvrier graveur et artiste dramatique; car j'ai évité de croire et d'apprendre que le surnaturel était une invention des classes éclairées de la société pour exploiter la crédulité ignorante des peuples, et d'entendre traiter les oracles de jonglerie et de sorcellerie diabolique.

La cause de ces erreurs est très-facile à indiquer. Elle tient, selon moi, à ce que, surtout au dix-neuvième siècle, l'âme est complétement inconnue dans son origine, sa nature et ses facultés.

Je sais parfaitement que, pour décrire l'âme, il faut la voir, et que, pour la voir, il faut être doué d'une très-haute lucidité. C'est pourquoi je me suis résolu à écrire ce livre et à éclairer ma théorie par des faits, désirant renverser à jamais cette philosophie qui croit définir l'âme en disant que c'est la source, en l'homme, de la sensibilité, de l'intelligence et du mouvement, sans que ceux qui enseignent de telles erreurs se doutent, dans leur logique déplorable, qu'ils donnent le droit aux plus jeunes de leurs écoliers de reconnaître une âme aux animaux, car le lion dans ses bonds, l'aigle dans son vol, sont plus actifs que l'homme; le chien envers son maître, le tourtereau envers sa tourterelle montrent une sensibilité plus fidèle et plus tendre que les hommes entre eux; enfin, dans les actes des fourmis et des abeilles on reconnaît une intelligence plus sage que dans ceux de la race humaine. Les facultés de la lucidité élèvent seules l'homme au-dessus des animaux, de toute la hauteur qui sépare la terre du ciel.

J'ai toujours eu à me louer des magnétiseurs, et je crois que rien n'est moins digne d'un homme inspiré que de se livrer à des personnalités blessantes, et de jeter la boue de l'injure à la face de ceux qui ne pensent pas comme lui. On dit avec raison que du choc des idées comme de celui des cailloux jaillit la lumière; mais, pour cela, je crois qu'il faut avoir soin de ne pas se les jeter brutalement à la tête.

Un livre où les âmes se sont pour ainsi dire élevées à cette hauteur d'horizon où la respiration n'est plus possible que pour une poitrine de croyant, doit laisser séjourner dans le cœur de ses lecteurs le souffle béni de la croyance, de la religion, et de l'amour que dans les livres de philosophie catholique l'on nomme l'esprit de Dieu.

Il y a un grand nombre d'objections, que l'apparition de ce livre ne peut manquer de faire naître dans l'esprit des personnes auxquelles il est impossible d'entendre énoncer une vérité devant elles sans qu'elles commencent par protester.

La plus formidable des objections que susciteront les relations des faits de lucidité et de voyance contenus dans ce volume, sera celle-ci : pourquoi Alexis est-il doué de ces hautes facultés? Nous comprendrions que Dieu, en récompense de hautes vertus austèrement pratiquées, les ait accordées à une personne d'une très-grande piété ; nous admettons volontiers que la religieuse qui a écrit le récit de la passion de Jésus-Christ et la vie de la sainte Vierge, soit, par suite de la réception fréquente des sacrements, arrivée à une voyance extatique qui lui ait permis de triompher des obstacles de temps et d'espace ; mais il nous est impossible de nous expliquer comment Alexis, artiste dramatique, jouit de ces facultés. Comme cette objection ne peut être faite que par des chrétiens sincères, nous leur conseillons d'ouvrir le Nouveau-Testament, ils y liront : *l'esprit de Dieu souffle où il veut*.

Il y a douze ans que je produis des phénomènes de lucidité somnambulique, dans ce long espace de temps je me suis particulièrement attaché à démontrer que ces phénomènes, par le merveilleux même de leur nature, devaient se rattacher aux puissantes facultés de l'âme : il n'y a pas une philosophie, pas une religion, pas un individu estimable qui ose nier l'âme ; et cependant, rien au monde ne semble plus prodigieux, plus extraordinaire que les manifestations d'une âme. Il semble que, lorsque l'on a vu des expériences de magnétisme, la foi aveugle en une âme devrait devenir une foi intelligente ; et cependant ni l'université, ni l'Église dans l'enseignement de leur philosophie, n'ont songé que les preuves les plus évidentes de l'existence de l'âme et de son immortalité pouvaient se tirer des phénomènes de lucidité somnambulique.

Il y a des natures douées d'une si grande mobilité d'impression et de pensée, que pour elles les croyances comme les sentiments sont perpétuellement renouvelés : ces malheureuses personnes, qui se laissent conduire par leur imagination aux fantaisies volages, croient avec enthousiasme aux réalités de la lucidité somnambulique. Les nombreuses expériences dont elles ont été les témoins, les ont pleinement convaincues de la vérité magnétique ; il leur arrive, par hasard, d'être présentes à une séance où le somnambule est moins lucide, et aussitôt leur conviction s'altère, non-seulement elles ne croient plus du tout, mais d'adeptes elles deviennent ennemies acharnées. Cela a lieu très-souvent ; et il m'est arrivé fréquemment de rencontrer des individus que j'avais convertis à la croyance du magnétisme, perdre leur foi, parce qu'une de ces nombreuses somnambules sans lucidité qui habitent Paris ne lui avait dit que des faussetés.

Cela tient à ce que l'âme n'est ni définie, ni connue, c'est un mot que l'on a perpétuellement aux lèvres, sans que l'esprit s'efforce de comprendre ce qu'il y a de divin caché sous les quelques lettres qui le composent.

Au lieu de se fatiguer aux études les plus ardues, ou de s'amuser aux lectures les plus frivoles, les esprits supérieurs aiment à remonter aux causes ; car remonter aux causes c'est s'élever au-dessus de tout ce qui inquiète, et marcher de clartés en clartés vers le foyer de la vie et de la vérité. Il y a d'ineffables plaisirs pour l'intelligence à connaître ce monde des causes, et à s'élever vers cette région où l'esprit saisit les traces de ce qui a été dans le passé et les racines de ce qui sera dans l'avenir.

Habituellement, les personnes qui viennent me consulter sont d'un scepticisme absolu ; elles ne peuvent se dispenser de railler même en arrivant, ce qui, quelquefois, suffit à empêcher le développement de ma lucidité ; mais une fois convaincues, elles deviennent les plus enthousiastes de tous mes adeptes. Il est bien rare de rencontrer des personnes qui ajoutent foi aux merveilles de la lucidité, sans les avoir vues, même parmi celles qui ont étudié la philosophie. Cela me rappelle une anecdote d'un très-haut intérêt philosophique. Un jour, un de mes amis me dit : « Il faut absolument que j'amène

le père Lacordaire à l'une de vos séances d'expérience somnambulique. » J'acceptai avec empressement et offris d'en donner une particulière por   :
et je chargeai mon ami de le prévenir qu'il pourrait amener les personnes qu'il désirerait, afin d'être assuré que le compérage ne jouait aucun rôle dans mes expériences. A quelques jours de là, je rencontrai mon ami ; il avait vu le père Lacordaire qui lui avait répondu que ses études philosophiques et théologiques lui avaient assez fait connaître la nature et le caractère des phénomènes de la lucidité somnambulique, pour qu'il lui fût complétement inutile d'assister à des expériences dont la réussite n'ajouterait rien à sa foi magnétique. Cette réponse ne m'irrita pas, car elle me montrait dans le père Lacordaire, non-seulement une des plus grandes figures de mon siècle, mais encore celui dont les œuvres ont, au plus haut degré, le cachet de la vérité et de l'immortalité. Aussi la plus grande partie de mes épigraphes est empruntée à ses écrits ; car, sans lui adresser un compliment, je crois que le caractère propre de son talent est l'inspiration, cette lumière qui éclaire les âmes et leur fait voir la vérité.

La réponse du père Lacordaire est importante, surtout lorsqu'on la compare à celle de l'Académie.

Les médecins ne veulent pas habituellement venir assister à mes séances, sous prétexte qu'étant persuadés de l'impossibilité de l'existence de la lucidité somnambulique, il leur semble au moins inutile de se déranger. Le père Lacordaire refuse par la raison contraire; il est si persuadé de la possibilité de la clairvoyance magnétique, qu'il n'a pas besoin de preuve pour étayer sa foi. Entre ces deux opinions qui sont diamétralement opposées, il semble qu'il y aurait quelque chose d'illogique à ne pas examiner leur valeur respective, car il est hors de doute que sur une matière aussi controversable que la lucidité, l'on ne saurait assez entasser preuve sur preuve.

Le père Lacordaire, suivant ce titre que l'on donne habituellement aux prêtres, est le médecin des âmes, tandis que les autres ne sont que les médecins du corps. Or, les phénomènes de la lucidité étant produits, non par les organes des sens, mais par l'âme, son opinion a une valeur infiniment plus grande.

Parmi les personnes qui viennent consulter les somnambules, j'ai remarqué que le nombre des femmes l'emportait sur celui des hommes. Ce sont elles qui se sont faites, par leur ardente influence, les propagatrices de ces vérités.

Pour moi, je sais parfaitement que, non-seulement

j'apporte une démonstration nouvelle de l'immortalité de l'âme basée sur les phénomènes du somnambulisme lucide, mais que je fais connaître la nature
de l'âme et ses merveilleuses facultés, et, pour ainsi
dire, voir avec mes yeux les ressorts mystérieux de
la vie et du mouvement.

Il y a dans ce siècle bien des natures délicates
qui semblent porter avec peine le poids de l'existence. En les examinant de près, on retrouve dans
la mélancolie de leur regard ce je ne sais quoi de
triste et de doux qu'ont les oiseaux nés et élevés
dans une cage, auxquels il n'a jamais été donné de
se livrer à leur vocation et d'accomplir la mission
pour laquelle Dieu les a créés, qui est de voler dans
l'espace. La cause de cette mélancolie, qui assombrit
douloureusement le front de mes contemporains, est
bien facile à trouver. Ils ont en eux une âme créée
pour se mouvoir, vivre, aimer, agir, penser dans
l'infini, et qui, renfermée dans le corps comme dans
une prison, a la nostalgie de cette région sans li-
mite du temps et de l'espace, que la lucidité ouvre
devant elle et où elle se précipite avec délices comme
vers sa destinée.

Je n'ai pas proclamé un paradoxe lorsque j'ai proclamé que, dans la plus grande partie des actions des

hommes, pour moi qui contemple l'invisible et pénètre l'impénétrable, je ne voyais que des opérations de l'instinct et non des opérations de l'âme.

Je ne veux attirer sur personne le blâme ni l'injure ; mais il me semble qu'au lieu de formuler des vérités philosophiques, je devrais trouver dans les livres qui enseignent à l'homme son origine et sa fin, des démonstrations qui expliqueraient les faits de lucidité que j'ai produits. Mais on voit que leurs auteurs ont étudié l'homme en s'observant eux-mêmes, et ils ont pris perpétuellement leur instinct pour leur âme.

Maintenant que les faits de lucidité se sont produits, dans quelle catégorie les classeront-ils? C'est ce que me démontrera la réponse que la science fera à ce livre, écrit pour faire connaître l'âme et élever les cœurs vers Dieu.

J'ai autant que possible tâché de donner à ce livre le style et les allures qu'affectionnent en ce temps les hautes vérités sociales et philosophiques pour se produire. J'ai laissé le langage emphatique et épique que bon nombre d'écrivains magnétistes avaient cru devoir donner à la science, afin d'éblouir les lecteurs au lieu de les éclairer, et j'ai évité toutes les phrases à effet. N'ayant pas, au dix-neuvième siècle , cru nécessaire de produire mes expériences de somnambulisme en robe de magicien , je crois avoir eu raison de ne pas remplir mon livre de figures géométriques et cabalistiques, qui n'étaient nullement nécessaires aux explications simples, franches et sincères que j'avais à donner du sommeil magnétique lucide, dans le but de ruiner à jamais les commentaires publiés sur l'origine de cette faculté dont certains esprits ont eu l'incroyable pensée de placer la source en enfer !

Si les idées que je viens de formuler dans ce livre sont reçues avec sympathie et qu'elles arrivent à être admises par l'opinion publique, j'aurai atteint le seul but que je me sois proposé avant d'écrire cet ouvrage.

Parmi les différents peuples, il y en a qui sont plus ou moins adeptes du magnétisme ; et j'ai toujours remarqué que, de toutes les races qui vivent sur la terre, celle en qui l'amour du merveilleux était sans contredit le plus développé, était la race slave.

Je ne saurais m'empêcher d'exprimer un sentiment qui inspire et possède tout mon être : c'est celui de la plus grande reconnaissance pour la propagande qui, je le vois, sera faite par tant de nobles esprits, qui non-seulement liront ce livre, mais le feront lire.

Dans ce siècle peu d'ouvrages ont été écrits sur le sujet que nous venons de traiter, dans l'espérance de relever tous les yeux vers le ciel. Ce qui donne à cet ouvrage un caractère qui le distingue des autres publications que le matin voit naître et que le soir voit mourir, c'est qu'il est écrit par un somnambule lucide qui voit ce qui est matériellement invisible par les yeux des sens, et qui peut, en conséquence, décrire l'âme, la vie et les mystérieuses opérations du mouvement et de la fécondité.

Jusqu'à ce jour, j'ai par mes expériences éclairé bien des points obscurs de la philosophie. Aujourd'hui, je tire de ces phénomènes les éléments de la science sublime qui fait connaître à l'homme sa nature et sa destinée. Aussi, c'est avec un immense sentiment de bonheur que je viens révéler au monde ces vérités cachées, qui, dans tous les siècles, ont éveillé dans l'humanité une insatiable curiosité.

Malgré les explications nettes, franches et catégoriques que j'ai données de la lucidité; malgré l'aveu loyal, sincère, que j'ai tenu à répéter plusieurs fois, de son excessive inconstance, il y a cependant bien des esprits qui, au lieu de remonter aux causes, aimeront mieux condamner que réfléchir, et qui refuseront de voir, dans la non-réussite de ces phénomènes, la réalité de leur existence.

Quel est, néanmoins, je le demande en toute sincérité, l'homme sérieux, quel est l'esprit profond qui ne sait que le caractère distinctif de l'inspiration est la variabilité, et que l'homme, en conséquence, ne peut pas plus rendre constante la lucidité, que le marin ne peut commander aux vents du ciel, que Dieu fait souffler sur l'Océan, de venir enfler ses voiles et donner le mouvement et l'impulsion à son navire immobile.

Depuis le temps que je produis des phénomènes de lucidité somnambulique, j'ai converti bien des esprits à cette vérité, que, pour moi, dans mes moments de lucidité, l'invisible devient visible, le temps et l'espace sont sans limites, les mystères les plus impénétrables sans voile. Mon plus cher espoir est que ceux qui m'ont honoré de leur confiance consentent encore à me suivre sur le nouveau terrain où je les entraîne, et à voir par mes yeux ces importantes vérités, qui sont pour l'homme une espérance et une consolation. La rémunération de ce travail sera leur confiance en ma parole, et pour moi la satisfaction d'avoir employé les hautes facultés que je tiens du ciel, à laisser dans les esprits une conviction en la certitude des hautes vérités que j'ai dévoilées, en écrivant les pages d'un livre utile pour tous ceux qui recherchent avec loyauté et bonne foi à connaître l'âme dans sa nature et dans ses facultés.

Les faits de lucidité dont j'ai donné le récit ne doivent pas engager à employer la seconde vue des somnambules à la recherche d'objets volés ou d'individus disparus, mais ils doivent engager à croire à la faculté que le magnétiseur développe en moi et qui me permet de voir ce qui est caché aux regards humains.

Je n'ai donné ces relations que dans l'espérance qu'elles impressionneraient les esprits et les disposeraient à avoir foi dans les vérités que je viens de révéler et auxquelles j'attache un prix inestimable, celui d'apprendre à l'homme à se connaître.

Dans toutes les vérités énoncées par moi dans ce livre, il n'y en a aucune qui vienne saper les bases de l'édifice religieux. J'ai tâché, au contraire, d'apporter une démonstration compréhensible de la présence en l'homme d'une âme qui, par ses admirables manifestations, lui révèle les hautes destinées qui l'attendent dans le monde de l'éternité !

Malgré la tendance des plus nobles esprits vers le

progrès matériel et la recherche incessante de tout ce que peut développer les arts industriels, l'âme tournée vers l'avenir, je sens une prochaine réaction en faveur du spiritualisme. Alors, les vérités contenues dans ce volume, comme des semences jetées en terre, germeront et produiront des fruits utiles et abondants.

Je n'ai pas seulement fait comprendre la lucidité somnambulique et ses merveilleux phénomènes, dont la production préoccupe l'élite du monde intelligent, j'en ai dévoilé les sources, et j'ai tâché de tracer aux esprits méditatifs possédés de l'amour du vrai, une route à travers les mystères de l'infini, pour monter jusqu'à Dieu !

FIN.

TABLE DES MATIÈRES.

Le Somnambule Alexis, par Henri Delaage.   1

  I. Nature du sommeil magnétique lucide.   13

  II. Analyse du fluide magnétique.   19

  III. Initiation aux mystères de la lucidité magnétique. . .   22

  IV. Les causes d'erreur chez les sujets magnétisés. . . .   26

  V. Les services du somnambulisme et du magnétisme. .   31

  VI. Avenir du somnambulisme magnétique.   34

  VII. L'âme, sa nature, son origine, son siége.   37

VIII. Théorie du fluide magnétique, ou la vie dans l'univers

    et dans l'humanité.   53

  IX. Communion des vivants et des morts.   68

  X. Le caractère du somnambulisme lucide.   79

  XI. Faits miraculeux de lucidité somnambulique. . . .   89

  XII. Éléments de philosophie basés sur les faits du somnam-

    bulisme   157

Paris.— Impr. de L. TINTERLIN et Cᵉ, rue Nᵉ-des-Bons-Enfants, 3.

Contraste insuffisant

NF Z 43-120-14

www.ingramcontent.com/pod-product-compliance
Lightning Source LLC
Chambersburg PA
CBHW072036080426
42733CB00010B/1908